明治の和紙を変えた技術と人々

高知県・吉井源太の活動と交流

はじめに

吉井源太は、文政九（一八二六）年に生まれた。明治維新の四十二年前である。そして、明治四十一（一九〇八）年に没した。つまり、明治維新の時を人生の真ん中で通過したことになる。十六代まで続く土佐藩主の第十五代、幕末に活動した山内豊信（容堂）は源太の一年後に生まれている。源太は八十年余りの生涯を高知県の伊野で過ごし、そして、土佐和紙のため、日本の和紙のために働いた。本書は、その残した日記や史料をもとに、源太の生涯や活動、交流を見て、明治時代の和紙変革の歴史を源太にまつわるエピソードとともに明らかにすることがねらいである。

ちなみに、明治時代より前に「和紙」という言葉はなく、「美濃紙」「半紙」「奉書紙」など個々の名前で呼ばれるか、ただ「紙」と呼ばれていた。明治時代になると、新しく入ってきた紙である「西洋紙」に対して、日本で作られていた紙のことは「日本紙」と呼ばれるようになった。源太が残した日記にも「和紙」という言葉はほとんど出てこない。「和紙」という言葉は当初、機械で抄かれた日本の紙を指し、後に日本の紙全体を指すことになったようだ。（全国手すき和紙連合会編『和紙の手帳Ⅱ』一九九六年）。本書では「日本紙」とされている紙についても「和紙」に統一した。

和紙のために働いたというのは、どういうことだろうか。維新の混乱期には和紙の業界も大きく揺れ動いた。西欧からの紙の輸入という圧力が迫って来ることは明らかであった。国内では紙の需要が高まって価格が高騰、一方、幕藩期にあった制度が崩壊したために粗製乱造が横行し、結果として販路が失われる。また、紙つくりの方法は旧態依然であった。江戸時代末期の大坂市場での紙取引量の四割を占めたという土佐には、多くの紙漉き職人がおり、この中で特異な存在であった御用紙漉《ごようしすき》という身分出身の源太は、同業者のために働かなくてはと強く考えた。そして、後半生をかけて紙の種類を広げ、原料を開発し、それらの技術を県内や国内の同業者に広めるとともに、商品として成立させるために販路を広げ、同業者の協同を呼びかけた。古い紙漉きの世界を一産業に高めるための大きな働きをしたといえる。

二〇〇八年は吉井源太没後百年にあたった。源太は地元・いの町（二〇〇四年の合併に際し平仮名表記となる）では「紙業界の恩人」とされるが、実際にどのようなことをした人か、現在はあまり知られていない。二〇〇七年十二月二十日から一か月間、いの町紙の博物館で「吉井源太 没後百年記念展」が開かれ、筆者が監修をさせていただいた。その時の来館者アンケートでは、四、五十代以上の人から「源太のことをよく知っていた」という回答が少しあったが、「まったく知らなかった」という回答が多かった。「自分の利益にこだわらずに紙のために働いた源太に感心した」といった感想も複数あった。このような源太の活動と姿勢を、あらためて見直してよいのではないだろうかという趣旨で、企画展後の二〇〇八年六月から七月にかけて高知新聞に吉井源太を紹介する連載記事を書いた。

筆者は、山村民俗学としての「生業」分野の研究をおこない、また日本文化論などを講義してきた。短大や大学での勤務経験の後に、博士後期課程に編入学し取り組もうとした学位論文のテーマとして、山村の生産物であり、現代にも大きな意味を持って存在している和紙とすることを決めた。和紙の歴史は大変古く、多くの顔を持つ。この中で、現代の多くの和紙や、機能紙と呼ばれる特別な用途のための紙の基礎をつくるのに大きな力を発揮した、高知県の吉井源太について研究することにした。いの町紙の博物館館長であった町田好徳氏のお取り計らいにより、二〇〇四年頃から源太の残した日記を拝見して内容を学び、同時に、明治期に和紙製造技術の最先端にあった高知県や、全国の和紙産地の状況を探求してきた。

論文をまとめていた時期に、源太の成し遂げたことを紹介したのが、「吉井源太 没後百年記念展」であり、高知新聞での連載「吉井源太と明治」（35回）だった。連載では、源太の日記の内容と合わせて、晩年近くに書かれ、公的機関に提出された履歴書と、生涯の紙研究の成果を広く伝えるために明治三十一（一八九八）年に著された『日本製紙論』を手がかりとして、源太の生い立ちの様子や紙の開発・製造にまつわる行動、色々な人との交流を紹介した。

今回、書物にするにあたって、連載記事に対して語句の追加や修正等をおこない、また新たに源太に関連する話題を追加した。この中では、源太の姿勢をさらに明らかにすることをめざして、紙の原料を確保しようとした活動や、新しい用具に対する態度、各地から修業に来た人たちとの交流と各地への訪問の様子、当時の有力者たちとの文化的な交流などを紹介した。これらの話題を内容によって大きく八項に分け、それぞれを一章とした。

加えて、一つの章を設けた。明治十（一八七七）年の内国勧業博覧会で源太が一等の賞（龍紋賞）を得た紙、「コッピー紙」について探究してきた内容である。海外への輸出のさきがけとなった紙であるが、これがどういうものだったのかについて、今では消え去った記憶になっている。ここでいう「コッピー」の発明が、いつ、誰によったものかをはじめ、日本においてコッピー紙の開発や改良がおこなわれた歴史に光を当てたいと思った。西洋諸国から需要が起こり、それに応じて明治期に日本からの輸出を増やしていくコッピー紙の歴史の一端を明らかにし、消滅してしまったその使い方や紙の特徴について、ここにとどめておきたい。最後に、源太のさまざまな活動はどのような意味を持つものであったのか、一つの解釈を提示した。

これらの内容を一冊にまとめておきたいという願いを持ちながら、まだ調べておくべきこと、考えておくべき点があるのではないかという思いがあり、長い時間が経過してしまった。ここに一段落としてのまとめを提出させていただこうと思う。

日記等の引用に際しては、現代表記に改めた。

目次

はじめに

第1章　吉井源太の履歴書 ―― 15
明治の時代と御用紙漉・吉井源太 ………… 16
大蔵省印刷局や内務省あての履歴書 ………… 18
幼い容堂を投げ飛ばす ………… 20
ユーモアある俳号と雅号 ………… 22
『日本製紙論』に見る御用紙漉の家系 ………… 24

第2章　開発された器具と色々な紙 ―― 27
簀桁を改良する ………… 28
器具の改良・機械の活用 ………… 30

御用紙漉の薬袋紙 ………… 32
典具帖紙を世界へ ………… 34
「コッピー紙」への高評価 ………… 36
透写に優れた紙 ………… 39
吸墨紙へ欧米から評価 ………… 41
軍用の防寒服用紙 ………… 43

第3章　種類を広げた原料と必需品 ―――― 47

紙王とされた雁皮の紙 ………… 48
三椏の栽培奨励 ………… 50
楮確保の地道な取り組み ………… 54
各種原料植物の適否 ………… 58
腐らないノリの探求 ………… 60
白さを高めるため米から白土へ ………… 62
火と水に強い紙にする ………… 64
官・民で勧業活動を ………… 66

第4章　各地への伝習・巡回指導 —— 71
教えを請う人々 ……… 72
明治二十年鳥取県巡回 ……… 74
・雪深い坂を越えて ……… 74
・各地区で連日の巡回指導 ……… 76
・鳥取県巡回指導の終了 ……… 78
・鳥取県巡回こぼれ話 ……… 80
明治二十九年愛媛県巡回の旅 ……… 82
新潟県へ派遣した仲間の訃報 ……… 85
全国に教師を派遣 ……… 87
修業来訪の人々 ……… 89
残る吉井源太の足跡 ……… 92
第5章　販路と組織についての活動 —— 97
大阪の問屋専売から東京へ販路開拓 ……… 98
同業者組織設立への動き ……… 100
紙業組合設立への貢献 ……… 102

海外を視野に……104

第6章　『日本製紙論』の出版　109

出版のきっかけと協力者……110
題辞と序文の依頼……112
・題辞……112
・序文……114
『日本製紙論』で説明される内容……117
幻となった続編……119

第7章　受賞と内国勧業博覧会出張　123

受賞した二つの褒賞……124
内国勧業博覧会の旅……126
・明治二十三年東京上野……126
・明治二十八年京都岡崎……128

第8章　色々な交流　133

中浜万次郎・中浜留……134

佐伯勝太郎 ………… 137
西本守太郎・松永雄樹 ………… 141
古稀の記念 ………… 145
現代への交流 ………… 148
・吉井源太没後百十年記念企画展 ………… 148
・五産地とのかかわり ………… 149

第9章　コッピー紙について ―― 155

コッピー紙とは ………… 156
ジェームズ・ワットによるコピープレスの発明 ………… 158
ワットによるコピーペーパーの探求 ………… 162
コピープレスの日本への導入と使用方法 ………… 164

終章　吉井源太の活動の意味 ―― 169

おわりに

第1章 吉井源太の履歴書

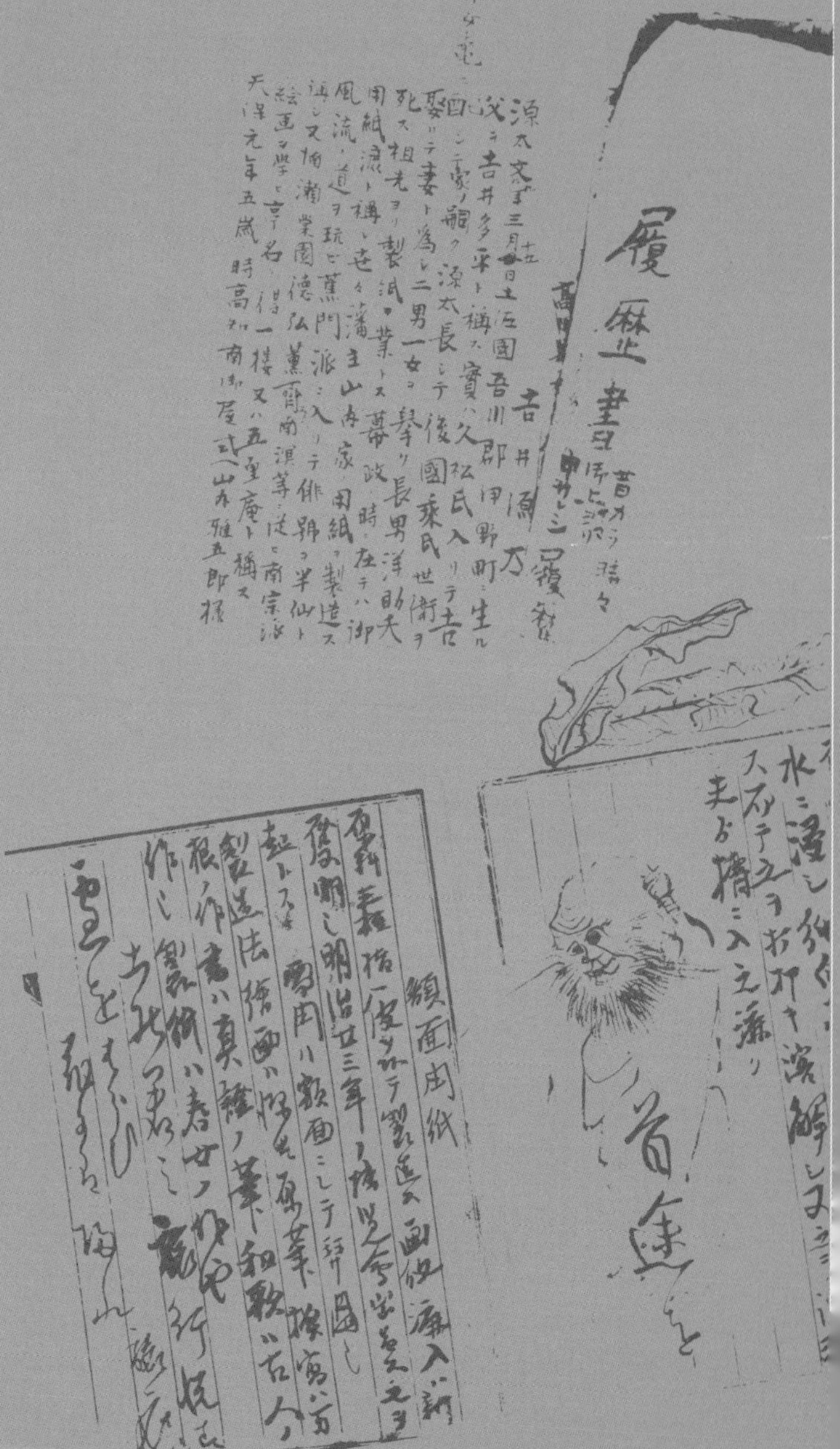

明治38年に内務省へあてたと考えられる履歴書の下書き(上)と、明治25年の日記の一ページ(下)。日記の左のページには明治26年にアメリカ・シカゴで開催される万国博覧会への出品紙説明の下書きがある。

吉井源太は新しい薬品を用いて原材料の種類を拡げ、それらの確保について考え、新しい時代に合った用途を持つ紙を開発した。日本全体の和紙製造業が発展すること、その姿を世界に示すことが重要だと考えていたからであった。

明治の時代と御用紙漉・吉井源太

明治の時代、洋紙の輸入・製造による圧迫が大きくなると予測された中で、高知県土佐和紙産地の紙漉き職人・吉井源太は、日本の和紙製造業の将来のために製造や流通のあり方を変革しようとした。このためにおこなったことは、新しい薬品を用いて原材料の種類を拡げ、それらの確保について考え、また、新しい時代にあった用途を持つ各種の紙を開発したことである。国内各地、広く海外への販売ルートの開拓にも努力した。そして、新しい紙を漉く技術を他の産地に教えて広めようとし、明治三十一（一八九八）年には、和紙製造に関する知識を集大成した『日本製紙論』を出版した。源太とその周囲の、高い技術を持った和紙職人たち（以後、「高技能職人」と呼ぶ）による努力、県内に存在した多くの産地職人たちの仕事の結果、高知県の和紙製造額は明治年間を通じて全国一位の座を保ち、日本全体としての和紙生産額の伸びにも貢献した。

源太が全国の他の産地に道具の改良や紙漉きの技術を教え、広めようとした行動について、「それは自分たちを不利にするものだ」という意見も当然出た。しかし源太は、日記の中に「万民の扶助」「日本の国益」「アジアの名誉」などと書いており、日本全体の和紙製造業が発展すること、そしてその姿を世界に示すことが重要だと考えていたことが推測される。当時は、西欧諸国からの強い圧力や干渉と戦わねばならない緊張感ある時代であり、この中で、和紙製造という事業を通して、日本を守り、発展させようとしたと考えられる。

土佐藩には、初代藩主の山内一豊に七色紙という貴重な紙を献上した時から始まった「御用紙漉《ごようしすき》」という役目があり、源太はその家の生まれである。御用紙漉は、現・吾川郡の伊野と土佐郡の成山《なるやま》のみに二十四軒が定められ、土佐藩主や徳川家へ献上する紙を漉くことが義務であった。しかし、明治維新後は、このような制度が廃止されるとともに、藩全体の紙の製造や販売に関する規則なども無くなった。また、西洋から洋紙が輸入されるようになる一方、紙の輸入を抑えるために、早くも明治五(一八七二)年には国内で洋紙製造会社の設立が計画された。このように全く新しく洋紙が入ってくることになり、和紙にかかわる人たちの中に不安が広がる。

源太は、比較的体力に恵まれた人だったようだが、無理をしすぎた時、たまに喘息の発作を起こすことがあった。その中での活動を支えたのは、正しいことを正しいと思う信念の強さであり、紙業仲間の存続や発展を願うという心、情があったのだと思われる。その根底には、御用紙漉としての歴史からくる気概と、個人の熱意があったのではないかと考えている。

源太の遺品は、昭和三十九（一九六四）年に吉井家から伊野町へ寄贈され、町の保護文化財に指定された。これは「史跡」「建造物」「民俗資料」から成り、このうち「民俗資料」として、製紙用具類や、日記を含む遺墨類が指定されている。

日記は、源太が明治十（一八七七）年あたりから、亡くなる二年前の明治三十九（一九〇六）年までつけていたものになる。遺墨類にはこの他、源太が出したり受け取ったりした手紙、県へ提出した書類の下書きなどが含まれている。この中には、新聞連載時に参考としたものを含め、源太が自らの一生を振り返った、何冊かの直筆の履歴書下書きもある。これらは、「いの町紙の博物館」に保管されている（非公開）。

大蔵省印刷局や内務省あての履歴書

源太の遺品の中に、明治三十六（一九〇三）年に県庁を通して大蔵省印刷局に提出された「履歴書」がある。また、明治三十八（一九〇五）年にも役場を通して出された「履歴書」があり、これは内務省へ提出されたものと思われる。これらの履歴書は公的機関への提出であるので信頼できるとともに、明治四十一（一九〇八）年に亡くなる前の、源太の事績の集大成が書き表されているといえる。

大蔵省印刷局は紙幣を製造する機関で、中でも抄紙部という紙幣用紙を作る役目を持った部署とは深い交流があった。また内務省は、官庁のうちの中心的な機関であった。以下、「履歴書」とする場合は、明治三十八年の履歴書とし、三十六年の履歴書も参考にしつつ、これらと日記を手がかりにして、源太の生涯の初期の頃を振り返ってみたい。

履歴書には、明治以前のことはわずかしか書かれていないが、明治九（一八七六）年からは毎年のできごとが書かれている。項目によっては、これまであまり知られていなかったことがかなり詳しく説明されていることもある。

源太は、文政九（一八二六）年三月十五日、土佐国吾川郡伊野村に生まれる。三月一日生まれと書かれている履歴書もあるのは、今ほど生年月日については厳格ではなかったからだろう。

父は吉井多平。久松氏から、吉井亀の婿として吉井家へ入った。この両親のもとに生まれ、成長した源太は、国乗世衛を妻とした。その長男の洋助は壮年期に亡くなった。家は「祖先より製紙を業とし、幕政の時代には御用紙漉といい、代々藩主山内家の用紙を製造した」と書かれている。

次に自己紹介として、多彩な芸に通じたことが書かれている。それによると、楠瀬棠園《とうえん》、徳弘薫斉、春木南溟等にしたがって南宋派の絵画を学んだ。雅号を得一楼、または五厘庵とした。また、俳諧を学んで、芭蕉を師とする焦門《しょうもん》のグループに入り、そこでの俳号を半仙とした。

遺品には画帳がある他、日記のページのすみや余ったページなどには、色々な絵の下書きが描かれている。今でいうイラストのようなものも多いが、絵画の腕前はかなりのものであったことがわかる。

また俳句についても、日記には、何かにつけて詠まれた句がたくさん書き付けられている。明治十（一八七七）年に開かれた内国勧業博覧会では、八月初めから十月初めまで東京に滞在した。この前年に父の多平が七十五歳で亡くなっている。東京で迎えた父の初盆に当たって詠んだ句がある。父の顔を思い浮かべたのだろう。

親に似た人顔もなし　盆の月
叱られた　親の恋しき　盆の空

幼い容堂を投げ飛ばす

履歴書によると、満四歳、まだ徳一郎と名乗っていた源太は、天保元（一八三〇）年に山内家の南御屋敷へ容堂の実父に召され、「岩に蘭」の絵を描いた。その出来がすばらしかったことに加え、幼い子が描いた珍しさがあったのだろう、絵は「三条公に献上されてご観賞いただいた」という。

三条公とは、第二十九代三条実万《さねつむ》だろう。正室は土佐藩第十代藩主・山内豊策《とよかず》の娘で、その間に生まれたのが三条実美である。第十五代藩主・容堂も実万の養女を正室に迎えるという関係であり、土佐山内家とは深いつながりがあった。

ちなみにこの三条実万・実美親子は、京都御所のすぐ東北にある梨木《なしのき》神社に祀られている。ここは、京都三名水の一つ、「染井の水」が出るところとしても有名で、よく人が汲みに来る。

徳一郎は、「三条公からその御褒美として藤波三位の御歌を賜った」。藤波三位とは、藤波光忠のことと思われる。この人は、正室としてやはり山内豊策の養女を迎えている。日記によると、「御歌を賜った」のはごく内々のことであった。しかし、神棚に大事にしまいすぎて、台風の時、穴があいた屋根から水が漏れ、その御歌は朽ち果ててしまったという。残念なことになってしまったらしい。

これと同じ頃、藩邸で相撲が行われ、徳一郎が勝ち抜いていくのを見て、幼い容堂が挑んできたことがあった。徳一郎は遠慮せず投げ飛ばし、悪いことに頭をぶつけて、泣き出してしまった。その後、藩邸の中では、「若様を泣かしたのは徳一郎だけだ」と言われたという。御用紙漉という家であったからだろう、藩や山内家、また間接的には公家などの人々とも交流があったことがわかる。

嘉永二（一八四九）年、源太が二十三歳の時、仁淀川が氾濫し、祖父、父とともに人命救助に活躍したことがあった。七月十一日に仁淀川が氾濫。堤防が約一㎞にわたって決壊し、多くの人々が流されて溺れ、家屋も流失した。この時源太たち三人は、持ち合わせの漁船で人々を救助し、自宅に運び入れた。ここへ逃げ込んでくる人も合わせ、およそ千人を助けたという。持ち合わせの米、麦、雑穀を三日間炊き出した。

この年の十一月には、藩政府より召し出されて、祖父は御酒を、父と源太は御蔵米八斗を賜ったという。人を助けるという意識が、源太の育った家の中にあるものだったと思われる。

ユーモアある俳号と雅号

源太は、俳諧の時に使う名前である俳号を「半仙」、絵画の時に使う雅号を「得一楼」または「五厘庵」としていた。これらの号について考えてみたい。

半仙の「はんせん」は「半銭」に通じる。つまり一銭の半分で五厘。ここから雅号の「五厘庵」をつけたと思われる。またもう一つの「得一楼」は、源太の幼名が「徳一郎」だったことからつけられたと思うが、この字を見て、高知県の人であれば有名な料亭、得月楼を連想するのではないだろうか。新聞連載に協力いただいたライター・久保慧栞《けいか》さんも同じ意見だった。俳諧というのは、もともと頓知やおかしみなどをふまえて句を作るもの。源太はユーモアのセンスも持ち合わせた人だった。

ユーモアについてはこんなこともあった。明治三十六（一九〇三）年に丸一合資紙会社という、伊野にある大きな紙商へ半切紙を買いに行った。それは源太の予想を超えた高い値段だった。普通ならば一円だろうと思われるその紙が二円だったということで、日記には「あまりの高値なので一句をつけて代金を送った」と書かれている。その句とは次のようなものだ。

二円とは余り天工《てんぐ》の鼻高紙　まる一円のおらの半切

句の意味を正確に解釈することはできないが、高価な典具帖紙《てんぐじょうし》の高さと天狗の鼻の高さをかけ、また「まる一円」の中には「丸一」がかけられているだろう。現在、「かげろうの羽」と例えられる典具帖紙のことが、日記の中では、天具や天工と書かれていることはしばしばある。ただし、この話からは、あまりに価格が高騰した和紙の問題も透けて見える。

丸一合資紙会社というのは、明治十三（一八八〇）年に伊野の紙商が集まって丸一組合が作られ、明治二十六（一八九三）年に会社になったものである。このエピソードのすぐあと、明治三十七（一九〇四）年に、紙商の上田合名会社と、紙製造業の伊野精紙合資会社の二社が加わって土佐紙合資会社となる。このうちの伊野精紙合資会社というのは明治十九（一八八六）年創業、設立当初から職工八十七人を使用する工場であり、明治二十一（一八八八）年からの支配人は、源太と親しかった高技能職人の土居喜久彌だった。

源太の、人を和ませるような面は、人からの協力を得ることや、円滑に事業を進めていく上で役立ったのではないだろうか。日記のページのすみに描かれている絵の題材は、花や人、とくに布袋さんのような太鼓腹の人が寝そべっているユーモラスな姿も多い。源太は花も好きだったようで、日記の中には色々な人が花を持ってきてくれたこともよく書き留めている。こういった情のある人だった。

『日本製紙論』に見る御用紙漉の家系

源太は紙漉きの技術にすぐれていただけではなく、紙関連のことについて熱心に研究した人でもあった。源太が紙研究の成果を書いて出版した『日本製紙論』の「総論」の出だしでは、古代における紙類製造の始まりが述べられている。今の紙と同じものを作り始めた国は中国、通説では、後漢（西暦二十五～二百二十年）の時代、宮中の役人だった蔡倫《さいりん》という人が西暦一〇五年に紙の製造法を発明したと説明されてきた。しかし源太は、中国の古い本などを読む中で、後漢の前の時代にすでに紙があったという説が正しく、蔡倫はむしろ製紙改良の先達者であるとすることが適切だ、と述べている。時を経て昭和六十一（一九八六）年、紀元前百七十九～同百四十一年の時代の紙とみられるものが、中国の甘粛省天水市で発見されている。

「総論」で次に源太は、日本における紙の起源と発展の様子、そして土佐国の紙の歴史を振り返っている。これを読むと土佐藩の御用紙漉がどのようなものであったかがよくわかる。源太の家の歴史であり、先祖のありようということにもなる。御用紙漉とは、藩内での使用と徳川氏への献納のための御用紙を漉く役目を負った漉家二十四軒で、これは増減も変更も許されず、長い間変わらずに守り続けられる家々であった。

御用紙漉が紙漉きに使う原料は、土佐国中より確保された。また、漉く時の原料分散剤であるノリ、原料を煮るための燃料、その時に必要な灰汁《あく》をとる木灰用の木など、自由に採取して良いことになっていた。しかし、漉き上げた紙には大変厳しい検査があった。徳川氏へ献上する紙の場合は特に厳重であり、藩の役人が立ち会った上で切ったり、枚数を整えたりした、と書かれている。

また、生活は厳重な管理のもとにおかれた。他国へ行くことは全く禁じられ、病気になった時に、医師の証明をもって有馬の温泉（兵庫県）での湯治が許されるだけだった。江戸時代には一般に人々の旅行や移動は制限され、自由に動けなかったことは日本中に共通だったが、御用紙漉の人たちは、庶民の楽しみとして許された伊勢参りなども制限されていた。

このような歴史を積み重ねてきたのが、御用紙漉という家々であり、土佐にはこういう家があったということ、そしてそこに生まれたということが、源太に他の多くの人とは違う意識を持たせたことは間違いないと思われる。御用紙漉の家に育ったことから作り上げられた信念、矜持を背景として、源太個人が勉強し、研究を積み重ねたのであった。

第2章 開発された器具と色々な紙

吉井源太が万延元年に改良した大型の簀桁。大きさだけではなく、簀の材料や編み糸の改良、簀のたわみを防ぐ桁への工夫などが込められている。源太はこのような道具の改善が最も重要であると考えた。

吉井源太は紙の生産を拡大するのに必要な新しい器具や紙を工夫・開発して自分の職責を果たした。一方、伝統的な紙も大切に思い、それらを守り伝えていくことにも心をくだいた。

簀桁を改良する

吉井源太の最初の大きな仕事は、明治維新の前、万延元（一八六〇）年に漉桁と漉簀を改良したことだった。これによって、小判紙八枚または大判紙六枚が一度に漉けるようになった。江戸時代末期以前にはどちらも一枚ずつしか漉けなかったが、源太によるこの改良の三十年ほど前に、小判紙四枚または大判紙二枚が漉ける簀桁《すけた》が作られていた。それを源太はさらに多く漉けるようにしたのだった。これ以上大きくなると、漉くのが困難になるという大きさだ。ここで言われる小判紙というのは土佐での言い方で、普通は半紙といわれるもの。大判紙は美濃紙といわれるものである。

源太は履歴書の中で、「この桁は、幸いにして同業者間に用いられ、今では全国、改良した紙を漉くところではほとんどがこれを用いるようになっている」と報告している。手漉き作業の弱点はやはり、量産ができないことだ。一回の作業で半紙四枚分くらいしか漉くことができなければ、大量の注文には応えられない。明治になると、開発された新しい紙は国内や海外から大量に需要されるようになった。その前に、このような器具が作られたということの意義は大きい。

源太はまた、紙の質に直接関わる漉簀についても改良をおこなった。通常はカヤ（ススキの茎）を使い、それを麻の糸で編んでいた。一寸（約三㎝）の間にカヤが二十本から二十五本が並ぶものだった。これでは、原料液が通る速さの違いにより、紙に厚い部分と薄い部分ができがちで、あまり滑らかな紙は漉けない。これに対して、細い竹ヒゴを使い、編む糸を絹糸に替えると、一寸の間に竹ヒゴが五十本くらいまで入り、漉いた紙は滑らかで緻密なものになる。

源太は『日本製紙論』の「漉桁」の説明の中で、漉簀、漉桁、刷毛の三品は製紙改良上最も重要なものであり、これが完全でなければ、その他のことがそろっていても紙の質は粗悪なものになるとしている。その中でも漉桁を改良することは、紙の価格を下げるために必要であると述べて、道具の重要性を強調している。

源太が簀桁を大きくした万延元年は、桜田門外の変により井伊直弼が暗殺された激動の年。この二年前には井伊直弼が政敵を排除した、いわゆる安政の大獄があった。憤慨した山内容堂が隠居願を出し、幕府より謹慎の命が下る。そして二年後のこの年、七月に源太は、江戸・品川にあった土佐藩下屋敷にいた。そこで富岳（富士山）の絵を描き、容堂が賛を入れた。賛とは、画に添えて書かれた詩や歌などのことだ。

容堂は謹慎中のために、下屋敷でこのような時間を過ごしたのだろう。源太の身近に幕末の政変があった。しかし、源太はこのような中でも冷静に、役に立つ紙の改良方法を考えていた。この時期に源太は日記を残していない。しかし、その後日記をつけるようになってからも政治の話は全く書かれることがなかった。あくまでも紙漉きを仕事とする人間として働き、世の中の動きを見通しつつ、必要な職責を全うしようとしたのだと思われる。

器具の改良・機械の活用

製紙用の簀の材料として一般に用いられる植物のカヤやヒゴを編んだものではなく、金属製の金網の目の細かいものを使うという方法が、西欧の製紙法からもたらされた。そういうものを当時、日本へ率先して導入したのは、やはり海外から薬品や器具を買い入れることのできた官の仕事であった。

塩の世界史なども書いた、アメリカのマーク・カーランスキーによれば、中国発祥の紙漉きの方法が伝わり、ヨーロッパで最初に紙が作られたのは、十三世紀イタリアのファブリアーノであった。そこでは、紙漉きが行われていたアジア地域やアラブ地域で使われていた竹や葦を割いて作る簀ではない、金網を張った型枠が開発された。当時のイタリア人はすでに板金の技術を会得していて、薄く平らにした金属を細く切り、金網が作られた（『紙の世界史』

川副智子訳 徳間書店 二〇一六年)。このような歴史をもった金網を公的機関が明治の日本へ持ってきたのである。

日記には「明治十二年に欧州より金属織の簀などがもたらされた」と書かれており、源太の耳にも入っていたらしい。それを源太が実際に手にしたのは明治十七(一八八四)年のことで、印刷局抄紙部からその見本が送られてきた。この網を手にした源太とその周囲の職人たちの反応がうかがえる手紙の下書きがある。これを送ってくれた印刷局員へのお礼と報告の手紙だ。

「金属の織物、製紙用簀類見本、拝見いたしました。手際のよい良品であると社中一同感心いたしました。代価も程よいものですが、皆は、手漉には用いるのが不便であると申します。私は、事業拡張のためには器具も改良いたさねばと社員には申しております。さて、私は桁の跡や糸目が見えない漉き方を考案いたしました。御局においてその紙を御審査いただきますように」

ここで社中とされているのは、この時源太が組織していた七幸組という、身近な職人仲間の組織のことである。その金網の質は、周囲の高技能職人一同認めるものだったが、実際に日本の紙漉きに利用しようという考えにはならなかった。この時は自分の技術を生かして工夫した、平らで滑らかな紙を漉く方法を完成させていたので、その見本を逆に印刷局へ送るというなりゆきだった。

このあと明治二十（一八八七）年に今度は、農商務省の吏員から金属の簀が送られて来た。この時にはしっかり試し漉きをした上で御覧いただきますという返事を送っている。ただしこの結果についても不明で、また、実際に金属網を使ったという事実もうかがわれない。

製紙の歴史をさかのぼれば、西洋で使われた簀は、アジアで発明され使われていた簀の材料を変えたものであり、中でも高度に発達していた日本の簀を使っている職人が、西洋の金網に対して高い評価を与えなかったのは当然だっただろう。

源太は、器具についても常に改良の気持ちを持ち、機械なども積極的に導入したほうが良いという考えではあった。明治三十年代には原料の叩解や紙の乾燥に機械が取り入れられるようになる。これには資本が必要で、源太自身がそれらを買い入れることができたわけではないが、近所の同業者が入れた機械を何度も見に行ったらしい。といっても、源太が見に行った当の叩解機は、あまりうまく働かなかったようで、「機械は調子が悪かった」と書かれていたりする。それでも、修理をする度に様子を見に行ったらしい。これも晩年に近い年のことで、常に新しい紙の器具に興味を示し、観察しようとしていたことがわかる。

御用紙漉の薬袋紙

伝統的に土佐でのみ漉かれた特別な紙として、「薬袋紙《やくたいし》」がある。高い技術を持っていた土佐藩の御用紙漉によって漉かれた紙のうちでも、最も特殊な紙だといえる。源太はこの紙の製法に熟練の技を持ち、またそれを大切にしていた。

『日本製紙論』によると、この紙は、江戸時代に土佐以外で製造や販売する事が厳しく禁止されていた。禁止を破って仙台で製造した人や、ひそかに大坂で販売した人などがあったが、すぐに発覚して打ち首になったという。このために他地方では、この紙について製造方法を知らないばかりでなく、この名前を知っている人もない。

薬袋紙には白色、黄色、褐色の三種類があり、貴族などの衣服を包むことや、医師の用いる薬を包むのが用途だった。この紙に包めば衣服の色あせがなく、また薬剤の香りも長い間決して失われることがなかったという。毎年藩主より徳川氏へ、暮と春に必ず献納され、これを「暮献上」、「春献上」と呼んだ。このように、大変な貴重品として取り扱われる紙であり、一般の人が使うことは禁じられていた。

日記にもこの紙のことは何度か出てくる。製造方法がかなり詳しく説明されているところもあるので、簡単に紹介しておきたい。薬袋紙の内、焦色《こげいろ》、つまり褐色をしたものは、省略して「焦紙《こげがみ》」ともいわれ、薬袋紙ではこれが一般的だったようだ。この作り方は次のようなものである。

原料は雁皮で、ゴミや汚れのない、ごくごく精選した原料皮を木灰の灰汁で煮たあと、水で洗う。またチリなどをよく除いてから布の袋をかぶせた桶に流し込んでよくかき混ぜ、その布袋を上げて三時間絞る。さらに圧搾器にかけて水がなくなるようにする。

この原料を、染料となる植物である蘇芳《すおう》を煮詰めた液、ヤマモモの皮を煮詰めてから木の灰汁を混ぜて濾した液とともに漉槽《すきふね》に入れ、さらに硫酸鉄を加えてから漉く。このようにするので、漉く時に真水は全く用いない。また、製造の時には、酒、煙草、蜜柑を近づけてはいけないと注意が書かれている。

非常に繊細な作業が必要で、大変な手間がかかったことがよくわかる。源太はこの紙を海外の博覧会や国内の共進会などの時に何度か出品した。何日もかけて準備する様子が日記に書かれている。また、『日本製紙論』に題辞などを書いてもらい、交流をすることになった土方久元や細川潤次郎にもこの紙を献呈した。

源太は、薬袋紙の製造方法を習いたいと言ってくる人には指導もした。明治時代に新しい紙を作りだすとともに、伝統的な紙を大切にし、守り伝えていくことにも心をくだいたのである。

典具帖紙を世界へ

典具帖紙は、かげろうの羽のような紙として知られている、楮のみで作られる、ごくごく薄い、透けるような紙、土佐和紙のなかでもっとも有名な紙ではないだろうか。この紙の明治時代の変化はどうだったのだろう。

明治九（一八七六）年八月十一日の「浪花新聞」に次のような記事が出たと『日本紙業総覧』（王子製紙販売部調査課　一九三七年）に紹介されている。「日本の芳野紙はアメリカあたりで殊の外珍重されます。このような紙は、イタリアでは出来ますが、日本の品よりはるかに劣ると言うから、今に追々輸出する様になりましょう」。芳野紙というのは、奈良県の吉野地方で漉かれる、漆濾しなどに使われた薄紙のこと。吉野紙とも書かれる、典具帖紙によく似た紙質のものだ。この記事は、このような、薄いうえに強い紙というのは欧米になく、貴重だと言っている。

『日本製紙論』では、海外での使い道として、歯科医の医療用、ガラスの内貼、箱などの内包、上流社会での衣服包みなどがあるようだと説明している。明治末期以後にはタイプライター用紙としての輸出が盛んになるが、この頃はまだそのような使い道ではなかった。

この紙は、古くは岐阜県の美濃和紙産地で漉かれていたもので、明治時代に高知県で大判にして漉かれるようになった。明治十六（一八八三）年に第一回関西府県連合共進会が大阪で開催された。明治時代には各地でこのような会が開かれ、色々な物産が紹介されたり、審査が行われたりしていたのだが、この共進会に源太は、六枚が漉ける簀桁で漉いた典具帖紙を出品した。大型簀桁が広く知られるようになったきっかけになったという。この時、岐阜県ではまだ旧式の簀桁で漉いていて、明治十九（一八八六）年にアメリカ・シカゴから特約契約の申し出があったが、大量に漉くことができないために応じられないという状況だった。その後、源太の開発した大型漉桁が岐阜へ伝えられた。

この紙の、世界への展開を見てみよう。『日本製紙論』によれば、「この紙が世間に紹介されたのは明治十三（一八八〇）年だった」。この「世間」というのは、「世界」という意味で使われている。この年に源太らが伊野に作った製紙社という組織が典具帖紙の見本を作り、初めて東京や横浜の貿易商に出した。この製紙社というのは、土佐紙の改良と販路拡大を目的とした組織で、今でいう同業組合のようなものだった。

明治十八（一八八五）年にアメリカ合衆国ルイジアナ州ニューオーリンズで開催された、万国工業兼綿花百年期博覧会にこの紙を出品して一等賞を受け、また明治二十二(一八八九)年にフランスで開かれた万国博覧会でも一等賞金牌を賜ったと日記に書かれている。間もなく海外への輸出が盛んになるが、次第に粗悪品が売られるようになって、貿易商に見破られ、信用を失墜するという苦い経験が続く。この時には、岐阜県と共同して典具帖紙の輸出を続け、次第に名声を回復していったという歴史もあった。

「コッピー紙」への高評価

源太が明治十(一八七七)年の第一回内国勧業博覧会に「薄様大半紙」として出品した紙が、

「輸出用としてコッピー紙に適する」という高評価により賞を受けた。以後、この紙の名前を「コッピー紙」に変えたと『日本製紙論』にある。「圧写紙」とも書かれるのは、「コッピー」というのが「圧写」の意味を持つ方法だったからである。

圧写というのは、原本に書いてあるインキ文字の上に紙を何枚も重ねて、上から圧力をかけ、一度に複数枚の紙に写すことが基本的な使い方だった。紙は、薄くて滑らかであることが重要になる。普通のコッピー紙で一度に八枚重ねて写せたが、源太らの漉いた紙では、十六枚を重ねても全部に文字を写すことができたとしている。

この紙は最初、雁皮のみで漉かれた。後に三椏が混ぜられるようになり、この混合比によって等級がつけられた。最高級品はやはり、雁皮百％で漉かれた紙であるが、雁皮という木はほとんど栽培できず、希少な原料だったので、雁皮のみの紙を大量に製造することはできなかった。それに近い質の紙が漉ける三椏が使えるようになったことで、大量に製造できるようになる。

日記によれば、コッピー紙の輸出は明治十七（一八八四）年に途が開け、明治二十三（一八九〇）年に盛大になっていく。そして、明治二十五年頃、粗製乱造がおこり、輸出が頓挫してしまう。当時よくあった経過をたどってしまった。その後、品質管理を厳しくする努力がなされたことで、輸出が持ち直していく。明治二十六（一八九三）年の日記には、「今では海外への販路が広がり、土佐七郡のうちほとんどのところで腕の良い製紙人は皆、この紙に取り組んでいる」という状況を知人に知らせる手紙の下書きがある。「腕の良い製紙人は」という表現から、この紙を漉くには高い技術が必要であったことがわかる。「このことは高知県の経済を潤しているが、自分が明治十年から望んでいたことが現実になった」とも書いており、この状況を喜んでいる。

同年の日記には、交流のあった地方の紙製造業の人に、高知県での様子を知らせている記述がある。横浜と神戸の二つの貿易港の商人が高知に入り込み、支店を開こうという計画が出てきたという内容だ。輸出品として大変有望視されていたことがよくわかる。

源太は明治三十（一八九七）年には神戸に立ち寄り、日本紙貿易株式会社という会社で、この紙の売れ行きなどを話しあっている。この会社の支配人から「コッピー紙は、海外ではタイプライターというものに用います。今は検査が行き届いていますが、注文が多くなって粗製乱造になっては困ります」という話があったことなどが書き留められている。明治三十六（一九〇三）年には、コッピー紙一万枚を東京日本橋の丸善株式会社に送り出した記録もある。この頃は、タイプライターの発明から約三十五年。複写や印刷に対応できる実用的なものになってきた時であり、以後、典具帖紙とコッピー紙が欧米諸国でタイプライターなどのさまざまな用途に使われるようになっていく。

透写に優れた紙

ドウサ漉入図写紙というのは、ドウサ（ニカワとミョウバンを混ぜた液）を入れて漉いた薄様紙《うすようし》のこと。江戸時代までは、浮世絵の版画などで、にじみの調整が必要な時、この液を紙の表面に刷毛で塗っていた。源太は、塗るのではなく、原料の中に混ぜ込む方法を開発した。『日本製紙論』によると、この紙は書や画の上において、その形をなぞる、いわゆる透写に使うものである。上質な紙であれば、人物の毛髪や花鳥風月の細かい線まで判然とし、明瞭に写すことができる。紙にドウサを入れるのは、原図の墨の線を見やすくすることと、上から描く時に墨汁がしみてしまうことを防ぐためだ。透明性を増すために少し亜麻仁油を入れても良いとされる。

この紙で重要なのは、薄く漉くことであるとともに、紙に漉簀の跡や厚薄がないことである。原図が見えにくくなるので、このことに注意しなければならない。ドウサの量は、漉く前の準備として特に注意が必要になる。源太は、欧米ではトレーシングペーパーという紙があるが、非常に高価らしいので、この図写紙を代用品とすることを目指し、ますます改良して全く欠点のないものにしなくてはいけないと勧めている。

この紙の製造の初めは明治十六年頃、そして『日本製紙論』が出た明治三十一年頃には各地で製造されるようになっていたが、源太は、残念ながら輸出するには質の整っていない、不十分な紙が多いことを心配していた。たとえば、ドウサの使い方。紙を製造した後に紙に塗っている産地があった。抄紙技術の進歩していない地方や未熟者がよくやる間違いだとしている。ドウサは紙槽の中に前もって混和しておかなければならない。このためには高度の技術が必要になるが、こうして作ったものでなければとうてい良質の紙はできない。

源太は、明治十八（一八八五）年にアメリカ合衆国ルイジアナ州ニューオーリンズで開かれた万国博覧会にこの紙を出品した。審査の結果、図写用紙に最適であるとして賞牌が贈られた。海外でその価値を認められた最初である。以後、欧米の各国から注文を受けることになった。

国内では高等女学校や美術学校で必需品となった。画家の川端玉章との交流が日記に出てくる。明治二十三（一八九〇）年に美術学校に行き、玉章に会って、この紙を依頼されている。また翌年には「昨日より美術学校の註文ドウサ入を製造する」とあり、継続して注文があったとわかる。

美術学校は、今の東京芸術大学の前身で、東京美術学校として明治二十二（一八八九）年に設立された。川端玉章はここの日本画教師だった。この紙は必需品だっただろう。源太は注文の紙を納める時、絵の試作に使って欲しいと、余分に紙五枚を同封したことがある。その試作絵画のうち一枚を拝領したいと願った。「もしかなえば、家の宝にしたい」と手紙にただろう。

書いた。絵画に関心が高く、腕前にも自信があった源太にとって、まさに宝となるものだっ

吸墨紙へ欧米から評価

吸墨紙は、書写の際に余分な墨汁を吸収させるために用いられる紙のこと。西洋紙は紙面が滑らかで、ペンの運行は極めてよいが、紙質が弱い。また、墨汁の吸収が遅く、書いた後すぐに吸収させなければ、紙面を汚し、字を乱したりする。このため、吸墨紙という紙が必要とされた。源太がこれを海外向けに販路を開いていった様子は次のようだ。

『日本製紙論』によれば、明治十八（一八八五）年にアメリカ合衆国ルイジアナ州ニューオーリンズで開かれた万国博覧会に出品した。前年の明治十七年の日記には「亜米利加合衆國　万国博覧会出品の記」として、出品予定の紙の名前と原料の配合などが書かれている。

それは、

「一、薄葉天具帖
一、薄葉図写
一、厚地図引紙
一、手紙用紙

一、墨取紙
一、薄葉記録紙」

となっており、これらを出品して高等の賞をもらった。ただし、吸墨紙（墨取紙）の輸出には至らなかった。

この博覧会に出かけていた印刷局の知人がこの結果を見て、アメリカから源太に手紙で注意をくれたことがあったらしい。日本製の吸墨紙は質が柔らかすぎて毛羽立つのが難点で、これを改良して質を堅くすることができればよい、という意見だった。これを受けて源太は改良を加え、明治二十六（一八九三）年にアメリカ・シカゴで万国博覧会が開かれた時に再度出品した。この時は特別優等の賞を受けた。その結果、フランス、オランダなどから見本の注文があった。明治二十七（一八九四）年の日記に書かれている、フランスからの注文のいきさつはこうだ。

「リヨンのモロオ街、ダモアジロル」という人から「親族の者がシカゴ博覧会で貴殿製造の紙を見たと言ってきた。ついては、紙の価格表と見本を送って欲しい。価格表はできるだけフランス語で願いたい。もし取引が成立した場合、リヨンには日本領事館もあるので、支払に何の問題もない」という手紙が来た。これに対して源太は、紙の種類と一万枚あたりの値段を書いた返事を出した。紙の値段の比較もできるので、書き出してみる。

一号　典具帖　一万枚　代二百四十円

二号　コッピー紙　一万枚　代百四十円
三号　薄図写紙　一万枚　代六百円
四号　吸墨紙　一万枚　代百六十円
明治二十九（一八九六）年にはオランダ・アムステルダムの「モウターン商会」というところからの見本注文があった。この時にも吸墨紙が求められた。
源太は、海外諸国においても自国製の吸墨紙があるのだから、それをしのぐほど進歩したものをつくり、認めてもらわなければ海外からの需要は増加しないとして、製造業者へ努力を呼びかけている。

軍用の防寒服用紙

防寒紙というのは紙製防寒衣服の材料で、これを使った衣服は、大変軽くてあたたかいものになる。『日本製紙論』によると、この紙の歴史や特徴については次のように説明されている。

日清戦争の時、軍人の防寒のために寄贈してから防寒紙として内外に名声を博した。土佐では、明治以前に紙子《かみこ》という紙製の衣服があり、儀式用として使っていたが、明治になって使わなくなった。今日の防寒紙はこれを改良したもので、はるかに強靭で保存に耐えるものになっている。軍人社会で試用してみた結果、四週間くらいは効力を十分に保っている。容積、重量とも軽少で目的を達することは確実だ。

この紙の漉き方については、強靭さを主要な性質とし、また保存に耐えるようにしなければならない。このために原料は繊維の長い楮を用い、他の紙のように白さを必要としないから漂白はほとんどしない。また、水気に耐えなければならないのと、強靭性を増すために、コンニャクやミョウバンを混ぜて漉くようにする。このようなことは昔の紙子にはしなかったことなので、改良したものといえる。

東京の紙製造業者もこの紙を作って軍隊に送ったことがあったらしい。このことについて、「この業者は紙の外観を飾って、模様などをつけてきれいなものにしたが、使っているうちに破損し、使用できる期間が極めて短かった。このために軍人の信用を失墜した。戦地の兵を助けたいという心がどこにあるのか、理解に苦しむ」として、業者のやり方を批判している。

この紙は日清（明治二十七〜二十八年）・日露（明治三十七〜三十八年）戦争に出征する兵のために作られた。日記にはこの時期にのみ記述があり、この紙が初めて登場するのは明治二十七（一八九四）年十月末。日清戦争の開戦が同年八月一日なので、これを受けて早速この紙を考案したのではないだろうか。十一月末に「陸軍の防寒紙請負」と記述され、その後数百枚単位で製造して軍やその関連の組織へ納品している。

日露戦争の時は、各地から製法の問い合わせがあるという記述が多くなる。日清戦争の時にこの紙の効用が認められたということだろうか。

日露戦争には源太のごく近い親族の青年が二名出征した。源太はこの二人に向けて、しばしば陣中へ手紙を送っている。源太にとってこの戦争は身に迫ったものだっただろう。極寒の戦地で戦う兵士のために、できるだけ助けになるような防寒衣類を作りたいという思いは切実だったはずだ。製法をどんどん改良したことがうかがえる記述もある。また、製造法を問い合わせてくる地方へはどこへでも製造方法を書いた文書を送っていた。県内では、他の地方へ教えることを禁止しようという意見も出たらしい。この時源太は「そんなのは頑なで、おろかな考え方だ」と厳しく批判している。

第3章
種類を広げた原料と必需品

吉井源太が原料分散剤（ノリ）として適切な植物を愛媛県内で発見し、博物学者に名前を教えてもらったタマアジサイのつぼみ。ノリウツギと同じアジサイ科。（写真提供：久保慧栞さん）

吉井源太は、伝統的な紙原料や必需品の枠を超えて開発をし、それを同業者に知らせた。原料の面から見ると、伝統的な和紙原料と現代的な紙原料の間をつなぐ働きをした人であった。

紙王とされた雁皮の紙

明治期、紙の需要が増えるにつれて原料不足への不安が次第に高まってきた。吉井源太は、原料増産の策にも心を砕いた。

楮《コウゾ》はクワ科の植物で、古くから用いられてきたもっとも代表的な紙原料である。北国を除いて、ほぼ全国的に育つ。繊維は強くて、長い。これで漉いた紙は強靭で、保存に向くという特徴がある。『日本製紙論』では、楮の種類について、大きく分けて三種、そのそれぞれに三種、合計九種に分けて細かく説明している。それぞれの繊維とそれで作った紙の特徴、そして収穫量や原料にした時の歩留り《ぶどま》り（植物の重さに対して、紙原料となる部分の重さの割合）などをはじめ、栽培の方法や刈り取りの際の注意が詳しく述べられている。

雁皮《ガンピ》はジンチョウゲ科で、やはり古くから用いられた紙原料であり、どちらかというと暖地に育つ。雁皮の紙は、非常に滑らかで強く、光沢がある。「紙王」である、と言われることもあった（一七一二年刊行の寺島良安著『和漢三才図会』）。源太が『日本製紙論』を書いた頃には、輸出の主力であったコッピー紙の原料として貴重なものだった。これについても木の種類や特徴が詳しく述べられている。雁皮は栽培がほとんど不可能なくらい困難だ、という特徴がある。

明治九（一八七六）年に印刷局から矢吹亨という人が、高知県下にある野生の蕘花樹《ぎょうか》（雁皮の木）を視察に来たことがあった。当時、紙幣用紙の原料として考えられていたからだ。源太はその案内役を頼まれた。「高岡、幡多の両郡を探索して大いに良品を得た」と、源太は履歴書に書いている。また、皮の精製法を付近の村人に伝えて、数百貫（二tくらい）を印刷局に納めたという。山中を広く探し回ったこの視察について、『大蔵省印刷局百年史』（第二巻　印刷局朝陽会　一九七二年）にも「その苦心たるや察するに余りあるものがあったろう」として、この時の源太の尽力が評価されている。

次の年には、内務省が試作していた雁皮の木の鑑定を、内務卿の大久保利通から依頼された。上野公園へ行き、木が真正のものであると鑑定した。「大久保公よりお褒めの言葉を賜い、王子村で酒肴を頂いた」と書いている。王子村というのは、現在は東京都北区にあたり、印刷局抄紙部が設立された場所だ。ここでは西欧からもたらされた化学薬品をいち早く取り入れて、紙幣用紙を作るための実験や研究が行なわれた。

このように印刷局抄紙部と深い交流があったので、源太は、民間の製紙業者としては早い時期に西洋の薬品などの知識を持つことができた。他の産地にも教えられたが、それを積極的に取り入れて活用し、大きな成果をあげたのは高知県の吉井源太であった。

雁皮は原料確保の見通しが悪い。このために注目されるようになったのが、同じジンチョウゲ科の三椏《ミツマタ》だった。寒地を除くところに生育し、明治時代に化学薬品の利用によって、良質な原料にすることができるようになった。後には紙幣用紙製造のための原料として大量に必要とされ、高知県からも「局納三椏」として印刷局へ納入されるようになる。

三椏の栽培奨励

楮や雁皮は、正倉院に保管されている文書の用紙に使われていたことがわかっている。麻もこの時代に使われていた原料だったが、これは次第に使われなくなった。処理の難しさや、衣服を作ることができる繊維であることが原因かと考えられている。

三椏はこれらに比べると新しい原料だ。最近では、正倉院文書の駿河国国税帳の用紙に使われていたという研究があるが（湯山賢一『古文書の研究』青史出版 二〇一七年）、広く使われたのは江戸時代から。特にその後期に駿河半紙として盛んに作られた。ただし、その紙は赤味を帯び、質は弱いものだった。

『日本製紙論』にも三椏は、近年に皮の精製法が改良されて良質の紙ができるようになり、需要が増えたと書かれている。石灰のみで煮ると、繊維が黄色から次第に赤色を帯びてくる。

明治時代にアルカリ性の強い苛性ソーダ（水酸化ナトリウム）が使われるようになって、それが解消された。この繊維は密で細かく、紙にすると光沢があり、雁皮に似た紙になる。当時新しく開発された紙のほとんどに三椏が使われた。薄い紙では図写用紙、厚い紙では洋紙の代用品となる紙が漉かれた。

源太が三椏栽培を本格的に始めたのは、明治十七（一八八四）年だった。優良な種子だと認められていた静岡県産の種を購入して、吾川郡伊野村字沖に三百坪の土地を借りて蒔いた。見物人が多数あったという。これでできた苗をとり、同郡三瀬村字西澤、東澤の山、七町歩余りのところに植えた。この時も見物人が多数あり、「老農は杖を引き、鎌を腰にさして見に来た」と日記に書かれている。大いに良い結果となったので、県庁農商課山林局や各郡村役場に報告した。また、大分県、愛媛県、宮崎県などに栽培方法を伝習した。

これにとどまらず、源太は明治二十（一八八七）年に鳥取県へ巡回指導に行った際、同県内にあった三椏の種を採って栽培してみた。この結果、この地に自生している三椏は大変良質で、静岡県産に優るほどだということがわかった。そしてこれを高知県下の同業者に知らせた。履歴書では、明治三十八（一九〇五）年の今はこの種類を栽培する人が多くなっていると記している。

明治三十年代になると三椏の需要はいっそう増え、源太もしきりにこの栽培を勧めた。三椏を栽培することの利益を十項目並べた「三椏十徳」という標語のようなものも作った。これによると、三椏を栽培して原料を作ることの利点は次のようなものである。

一・苗の仕立てが簡単で手数がかからない。

二・他の作物を作ることができない場所に育つ。

三・楮では十年ほどである寿命が、三椏は三十年くらいある。

四・暴風雨にあっても倒れたり損害を受けたりしない。

五・獣に食われる害を受けない。

六・他の原料に比べて収穫量は三倍ある。

七・蒸す時に楮よりも薪代がかからない。

八・皮剥ぎやゴミ・チリを取る手数が少なくてすむ。

九・三椏を使って漉いた紙の販路が拡大していて、需要が多い。

十・海外へ輸出する紙の原料が確保できる。

これらにより、山間地域において次第に三椏栽培が盛んになっていく。

源太は、三椏の栽培を盛んにしようと色々実験をしたり、方法を考えたりした時、その結果を広く知らせた。明治十九（一八八六）年に「黄瑞香《こうずいこう》（三椏の漢名）栽培の事」として次のようなことを知らせようと、新聞へ記事を出した。

「三椏の植付のためには実蒔がよく知られ、これが目下盛大におこなわれている。昨年三月中旬に挿し木を試みて比べたところ、一年目は実蒔による苗がよく育ち、良いように見えたが、二年目になると同じになる。むしろ挿し木のほうが脇から多く枝を出し、株がよく茂る。実蒔は確かに良い方法で、一升蒔けばなんと一万本が育つといわれているが、寒い地方においては花が咲いても実を結ばない。このことからすると、挿し木がよいかと思われる。諸君も試してみられたい」。

また翌年には、種子の保管についての実験結果を新聞に出している。

「三椏の種子を貯蔵するには水に浸しておくのが良いということはご存知のところだが、ここに源太の発明したことは、種子を水に浸すに及ばないということだ。種子は乾燥しても良いのである。というのも、この夏、鳥取県を巡回した時に実験して、五十日間乾燥した種を蒔いてみたところ、たくさん発芽した。従前のやり方で保存した種よりもたくさん生えたくらいだ」。

このように源太は、これまで疑問に思わずにやられてきたことに対し、本当に有効なことだろうか?と疑問を持ち、色々実験して、より良い方法を探っていたことがわかる。そして、その結果を広く知らせようと、当時発行されていた土陽新聞や、県から出されていた勧業月報という冊子などに載せたのである。

明治三十六（一九〇三）年十二月には、伊勢神苑会という少し珍しいところから、三椏の要請を受けた。伊勢神苑会とは、伊勢神宮神域の美観と清浄を確保するため、内宮・外宮周辺の土地約二万坪を買い取り、神苑として整備するため、明治十九（一八八六）年に財団法人として組織された会である。ここに徴古館、農業館、賓日館《ひんじつかん》などが建設された。このうちの農業館というのは、広く農業具を収集陳列し、標本や農業書を収蔵する目的で明治二十四（一八九一）年に開館したもので、ここへ三椏の皮を陳列したいとの依頼があったのだ。

これに対して源太は早速、承諾の返事を出す。日記にある下書きによれば、翌年一月に神宮へ参拝予定の者があるので、その者に持たせてお届けしますとしていた。しかし、その後、苗木も欲しいという要望が追加されたらしく、これらを通運会社から二月五日に送った。苗木は半陰半陽の場所を選んで植えつけてくださいという注意書も添えた。これにつけたと思われるのが次の句。

三椏や二十五年の　花の春

三椏が二十五年の間、花をつける春を迎えることを現わしているのかと思われる。

楮確保の地道な取り組み

明治二十八（一八九五）年に源太は、次のようなことを新聞に載せた。

「伊野町の今井貞吉という人が東北地方を旅行した際に、山形県の鳥海山麓で楮の実が山イチゴのようになっているのを見つけた。今井氏はこれを採り帰り、蒔いてみたところすぐに発芽した。その木がまた実をつけたので、この木の皮が製紙用にふさわしいかどうかの検査を源太に依頼してきた。源太が紙を漉いて検査してみたところ、この楮は土佐において『赤楮』と呼ばれている種類の最上級の紙原料であることがわかった。繊維が緻密なので、これで紙を漉くと紙面に光沢が出、また弾力の強い紙ができる。この木の栽培方法には根分け、根伏せ、指し芽、実まきがある。近年は楮の苗が高価になり、困難をする人もあるので、国のため、紙原料増産のために、今井氏よりもらいうけて大量に蒔くことを考えている。諸君の参考の一つとして新聞紙に載せる」

原材料の不足は紙生産のための根本的な問題点となる。源太は、この問題の解決を常に考えていた。

県へ次のような思い切った提案もした。明治二十三（一八九〇）年、県内に新道路が建設されるという時、その新しく造られる「道路の両輪岸（両側の土手部分）に紙原料木を植えさせてください」という願いを出したのだ。これは、かなり神経を使って書類を出そうとしたらしく、下書きを数回おこなった跡が日記に残っている。それらの記述から、「新道路両輪岸拝借願」として、次のような内容の書類を出したらしいことがわかる。

場所は、高岡郡佐川村東端 春日橋より土佐郡枝川村咥内《こうない》まで。内容項目の一にあげられていることは、地質を見分けて、それによって楮と三椏を栽培する。ただし人や馬車の通行する道路際から二尺（約六十㎝）の間はさける。植え付けの間隔はほぼ九十㎝。栽培した植物の手入に関しては、三月から九月のあいだ、その場所に生える草、芝、根笹、雑草木をとって肥料とする。

さらに、拝借にかかわる条件として、年限は明治二十四年から同三十三年までの十年間。これに対して税金も納めることとし、収穫代金の百分の一にあたる金額を十二月二十日を期限として毎年上納するとしている。少しずつ提案内容を修正しながらこのような内容を固め、九月末に提出したようだ。

およそ二週間後の十月十四日の日記に「道路拝借地所願　却下に相成候間、送達有り」と書かれている。この願いは却下の決定が下されたという通知があったというのだ。源太の自由な発想による提案は役所には受け入れられなかったようだ。これに対して源太がどのくらい残念に思ったのかということはわからない。このあと、「午後七時半　向の溝へ漁火をもって行く」「この日大葉植える」という記述が続いて十四日の日記は終わりとなっている。

この年にはコレラに関する記述がしばしば出てきて、この頃大変流行していたことがうかがえる。「コレラ益々流行を聞く」、「コレラの葬を見る」という、身近に伝染病が迫っている情景の記述がいくつか出てくる。そして、「誰々の死亡を聞く」と、知り合い、顔見知りなどの病死を聞かされたことが書き留められる。ただ、源太の身内、親類などに犠牲者は出なかったようだ。しかし、恐ろしい伝染病がこのように流行していた時に新しい道路に紙原料を植えるという計画を考え、役所への願いを出していた、そういう骨太な人であったということが実感される。

ここまでに出てきたコウゾ、ガンピ、ミツマタの繊維の長さと幅を、後に製紙原料パルプとして用いられることになるマツ、ポプラのそれと比べてみたい（印刷局研究所『研究所時報別冊　非木材パルプ特集』一九七六年）。

繊維の種類	長さ平均	幅平均
コウゾ	9.4㎜	27μ
ガンピ	3.2㎜	19μ
ミツマタ	3.5㎜	20μ
マツ	2.5㎜	22〜50μ
ポプラ	1.5㎜	25μ

マツは針葉樹パルプ、ポプラは広葉樹パルプとして使われることになる代表的な樹種である。これらの長さと幅を比べていえることは、コウゾではなく、ガンピやミツマタを使うということは、木材パルプに近づくことになるということである。源太は、伝統的な和紙原料と、現代的な紙原料である木材パルプの間をつなぐ位置と働きの人であったと見ることができる。

各種原料植物の適否

源太は、これまで使われてこなかった草木で、製紙に使えるものがないかについても色々試した。他の地方の人が、その土地に生えている草や木が紙原料に適するかどうかと源太のもとへ持ち込んだり、送ってきたりすることもあった。

明治二十二（一八八九）年に、東京の南、小笠原諸島の人が藪麻黄《ヤブマオウ》という草を紙の原料にならないかと、はるばる持ってきたことがある。佐竹助十郎という人だった。八月上旬に源太のもとを訪れてきた。これはごく少量のものでしかなかったが、試験してみたところ、充分製紙に適するものであると思われた。繊維に弾力があり、紙の肌に光沢がある。また、ノリの力を助けることもわかった。このような結果が出たので、佐竹氏はこれからいよいよ盛んに栽培する意欲を持ち、「江州丸に打ち乗り、東京より小笠原へと急ぎけり」と帰った。

それから少し後、大量の藪麻黄について源太は、「製紙原料に適するや否やを試検」し、詳しい結果が出されることになった。それによると、一転して、この繊維は粗悪で、また、三椏や楮などの原料に比べて、極めて歩留りが悪いことがわかった。特に、この原料で白紙を作るためには、薬品を多量に必要とするのみならず、通常の製紙を行う場合に比べて大変手間がかかる。よって、この植物は製紙原料には不適切であるという結論になった。

小笠原という遠い島からわざわざ持ち込まれた原料であったが、残念ながらこういう結果になってしまった。ただ、このような遠方から高知県まで持ち込む人もあったということは、驚くべきことではないだろうか。源太の紙への取り組みが広く知られていたということ、遠方から原料を届けようとする熱心な人がいたことがわかる。

同じ年、「シナ」というものを送りましたという手紙が届く。この知らせが届いてからも現物がなかなか到着しないので、源太は、まだ届かず残念です、という手紙を送ったりしている。このあと二週間ほど経って、届いた。さっそく苛性ソーダを入れて三時間煮てみたが、煮えないという結果だった。残念ながら、この植物も紙原料にはならないものだった。これはシナノキのことで、この皮を裂いて糸を作り、それを織ってシナ布が作られる。かなり強靭なもので、これを使って衣服の他、酒などの漉袋、船用ロープ、馬具なども作られる。

源太は他の原料植物についても色々勉強した。『日本製紙論』中、原料について、主要原料の他に七島藺（イグサの一種）、萱《カヤ》、桑、竹、ヤブマオウ、ムクベ、イタブ（イヌビワ）が書かれている。しかし、これらはいずれも産出量が少ない、処理に手数がかかる、紙にした時に良くない、などと書かれている。なかなか製紙に使うのにふさわしい原料にめぐり合わなかったことが良くわかる。

腐らないノリの探求

和紙を漉く時、「ノリ」または「フノリ」といわれるものが必ず用いられる。『日本製紙論』での説明は、その粘りの性質を利用して、槽の中で紙原料が均等に浮遊するようにするとともに、漉き上げた時の水の漏れる速さを調整する役目を果たすとされている。最も良いのが、アジサイ科のノリウツギの木の皮からとる「タヅノリ」で、その次がアオイ科のトロロアオイという草の根からとる、「キョウフノリ」と言われるものである。

しかしこれらは非常に腐敗しやすく、気温が高い時にはその粘性を減少させてしまう。特に土佐のように炎熱はなはだしいところでは、ノリの効力を消失して非常な困難に陥ることがあると、実感がこもった書き方をしている。昔はこれを悪魔のせいだとして、神官や僧侶に御祓いや祈祷をしてもらうというようなことがあったが、今日では学問上の理論を学ぶべきだと科学的な態度を推奨している。

源太は、明治二十二（一八八九）年に、ノリウツギを乾燥品として輸送する案を出したり、これを産出する地域の人に、腐敗させずに送る方法を説明したりしている。しかし不足を補えるほどの効果はなかったようだ。防腐剤が日本で製造されるのは大正時代以後のことである。

ノリになる新しい植物を探すことも怠らなかった。そうして見つけたのがアオギリの木だった。これは明治十八（一八八五）年に「勧業月報」で一度報告したが、あまり受け入れられなかったらしい。四年後にノリの不足が深刻になり、もう一度呼びかけた。特にノリウツギは、夏に腐敗しやすいので、紙が漉けなくなってしまう。今このアオギリを栽培しようという考えを持たないのは、勧業に熱心な人とは言えない、と少し強く訴えている。

『日本製紙論』でアオギリは、中国名の「梧桐」として特徴が説明されている。これは田畑の岸に植えて十分に育つ。ノリにはこの根を使うが、周囲十五cm、長さ三十cmのもので、半紙二十束が漉けるという具体的な目安も示している。

明治三十一（一八九八）年には、さらに新しい草を見つけた。愛媛県宇摩郡に自生していたもので、当初名前がわからず、「草糊《くさのり》」と言われていた。高知県内ではまだ見つかっていないものだった。これを使えば、ノリにかかるお金が、ノリウツギを使う時の四分の一ほどで済むという計算もできた。源太はこの名前を知りたいと、博物学の草分けであり貴族院議員でもあった田中芳男に押し葉を送って鑑定を依頼した。伊勢の神宮神苑会の農業館建設の時、建築委員長だった人でもある。この時の手紙には、これを製紙に使った場合、トロロアオイの二倍、ノリウツギの一・二倍の効用があると付け加えている。三か月ほどして返事をもらった。それはアジサイ科の「玉紫陽花《タマアジサイ》」であることがわかった。

このあと源太は、紙漉きを教えることになった簡易農学校へこの木を持って行き、栽培試験をしてもらうことを頼んだ。また、これを多くの人が栽培することや、製紙業者がこれをノリとして使うことを盛んに勧めた。

白さを高めるため米から白土へ

米粉や胡粉（貝殻から作られる白い粉）のようなものを「光沢《つや》ノリ」、白土のことを「石ノリ」と言ったと『日本製紙論』には書かれている。

和紙を漉く時に紙の白さと緻密さを高めるために入れるもので、従来、米の粉が用いられてきた。源太は明治十一（一八七八）年、これに代えて白土を使うことを勧めた。「米糊」と書かれる場合もあるので、ねばりを利用したように見えるが、米のまま砕いて混ぜるのである。このように用いられてきた米の量が莫大なものになることから、それをやめて、食料にならない白土を使うように主張したのだ。履歴書の書かれた明治三十八（一九〇五）年には、県下の製紙高からして、米粉を白土に替えることによって、一年間で、おおよそ五千人余りが食べる量の米が節約できているはずだと計算した。白土に代えた明治十一年からの合計量がどのくらいになるか、計算が追いつかないくらいだとしている。米粉を混ぜて漉くと、虫害にかかり易くもなる。

この白土の純粋なものは、滑石《かっせき》の細粉である。現在ではタルクとも呼ばれる。柔らかくて蝋《ロウ》のような感触があり、白色、帯緑色で、電気絶縁材、滑材、陶磁器、製紙、耐火・保温材などに用いられる。

これを使うようになったきっかけは、明治十一年の二月に東京製紙分社という印刷会社から、和紙に使ってみて欲しいという依頼があって試したことだった。白土は洋紙の製造によく用いられるものだが、和紙については、兵庫県の名塩など、いくつかの産地で、地元で採れる土を混ぜて紙が漉かれていた。源太のこの時の実験によって、白土が有効だとわかったので、この後、知人でもある大阪の商人が、高知をはじめとした各県に白土を売り広めることになった。

明治十八（一八八五）年になると、これを県内で探そうという動きも出た。大阪の商店から取り寄せた場合、一貫目（三・七五kg）あたり十五銭、愛媛県から取り寄せると九銭、県内で製造すればさらに安くなると日記に書いている。現・仁淀川町安居からの産出があったようであるが、質の問題などがあったのだろう。大阪の商店からの取り寄せが多かったようだ。

白土には質の違いがあった。紙を漉く時にふさわしい上等のものの特徴は、粉末にした時に細かく、とけやすい。質が軽くて、沈澱が遅い。雲母の質がない。紙原料に混ぜた時に光沢がある。赤みがなく純白である。というものだ。源太は色々なところから持ち込まれる白土が製紙に適しているかどうか、試験を頼まれることがよくあった。

源太は、白土は分子が細かいので、三椏を漉く時に用いると紙が緻密になるが、当時新しく開発されていたコッピー紙などの上等紙には入れてはいけないとした。白土を入れると重量が増えるので、これを狙って入れたりすれば粗製乱造であり、ゆゆしきことだと禁じている。

火と水に強い紙にする

源太が取り入れた新しい素材には、「松脂」と「石綿」がある。『日本製紙論』にこれらの使い方やこれを入れた紙の漉き方が書かれている。

松脂は、紙がインクをにじませたり、水に濡れて弱くなることを防ぐ働きをする。また石綿は、燃えることに耐える性質をもたせる。水と火というのは紙の弱点であり、それを補強することになる。

松から採れる樹脂である「松脂《マツヤニ》」は、ソーダ灰（炭酸ナトリウム）などと一緒に熱を加えて溶かして使う。この溶けたものに、ミョウバンを加えたものを紙漉槽《かみすきふね》に入れて紙を漉くと、ペンで書いてもインクがにじみにくい紙ができる。また、水をまったく通さない紙にすることもできるようになるので、傘や合羽のような雨よけの素材にすることもできる。

源太はこの方法を日本の中でかなり早い時期に教えてもらって、利用した。松脂を使ったにじみ止めは、もともと洋紙を作るために、明治維新の約六十年前にドイツで発明された、まだ新しい技術だった。これを知った源太は、明治十九（一八八六）年に農商務省農務局員の山崎喜都真《きつま》という人に頼んで教えてもらった。農商務省というのは、明治政府の殖産興業の政策を各地方で指導する役所である。この山崎は、土佐出身、幕末に壮士であった人で、維新後まもなくドイツに留学して製紙を学んだ。ちなみに、妻はドイツ女性で、賢夫人だったらしい。源太は山崎あてに仕事上の手紙をよく書いていたが、最後には必ず「奥様へよろしくお伝えください」という挨拶を書いていた。

明治十九年の日記から、松脂を使う方法を教えてもらった時の様子がわかる。源太は、山崎に「紙に混ぜる松脂の名前を教えてください。また、それを溶かす方法も教えてください」と手紙を書いた。松脂は外国からの輸入品で、いくつかの名前があったのだ。そして、山崎が視察のため高知県へ来た時に、源太の仕事場で一緒に松脂を溶かす実験をした。翌日に源太は、その結果を報告する手紙を書いている。やはり最初はあまりうまくできなかったらしい。しかしすぐに使い方に慣れたらしく、「どのようなにじみ止めの紙も作れます」と、出版社などに、にじみ止めの紙を注文してくれるよう頼む手紙を出している。

もうひとつの新しい素材である「石綿」は、明治二十五（一八九二）年くらいから使い始めたようだ。今日では、健康への害が問題になっているもの。これを試験的に漉く時には山へ行ったということが日記に書かれていて、やはり体への害もわかっていたのだろうか。

これを紙に漉き込めば火に耐える紙が作れることから、工業や軍備などに活用できることを願って作ったようだ。軽くて火に耐える紙は、軍艦の内壁に使えるのではないかと考えていた。

源太には、紙をこれまでにない用途に使えるようにして社会の役に立たせたいという心があった。時代を反映して、特に工業や軍備に生かしたいという気持ちが強くあったように見受けられる。

官・民で勧業活動を

明治初期に大久保利通らが欧米諸国を視察した時、工業は国の風土習俗に応じて発展していることを視察先の国々で見て帰った。大久保は明治六（一八七三）年に内務省を創設、内務卿となって殖産興業を進めようとした。しかし明治十一（一八七八）年に暗殺される。この殖産興業の役目を受け継いで明治十四（一八八一）年に農商務省が創設され、勧業政策が行われた。

源太はこの明治十四年、「今般農商工務御開設」の時にあたって、上願書を出したようだ。これは、新設の農商務省が府県に義務付けた、農商工諮問会設置に際するものと思われる（勝田政治『明治国家と万国対峙』角川選書 平成二十九年）。勧業のためにこういうことをお願いしたい、という案の下書きが日記に残っている。原案的なもので、文章としては不完全なところがあるが、大体次のようなことを言おうとしている。

まず第一回内国勧業博覧会の時（明治十年）には新発明の紙を出品し龍紋賞をいただいたこと、そして明治十四年に開催された第二回の内国勧業博覧会にも出品したが、それは国内へ出荷したいという希望があったためだ、ということを述べている。そして、提出書の狙いと思われる案は「製紙に用いるのは楮、三椏、雁皮であり、それは天然のものをとっているが、農商務省の庭の端にこれらを植えていただきたい。そして、官民の荒地に広く苗を植えて増益の道を開き、国内で紙を改良したうえ、海外へ輸出する事を考えたい」。

役所の庭に植えて欲しいというのは突飛な願い出のように思われるが、源太は明治十（一八七七）年の内国勧業博覧会の時、大久保利通の命を受けて、上野公園に植えられていた雁皮が本物かどうかの鑑定をおこなっている。紙製造業の未来のために、原料の確保は最重要事項であり、農商務省にも尽力をしてもらいたいという願いを込めての書類提出だったのだろう。

山や畑ではないので、実質的な収穫が見込めるとは考えられない。しかし、勧業政策の拠点となる場所に紙原料を植えてもらうということは、シンボル的な意味を大きく持つことになるだろう。源太は、実際に高知県内や他の場所に原料栽培を進めていったが、こういった実質的な作業だけではなく、人々の目を和紙産業、また紙原料増産に向けるためのシンボリックな活動もおこなったといえる。

明治十八（一八八五）年には、次のような建言（意見）書を出したらしい下書きがある。それは、当時の刑務所でおこなわれていた、受刑者への授産としての和紙製造に関することだ。この時、高知県内の刑務所での製紙業を取りやめにするという方針が出されたらしく、これに対して反対の意見を述べている。「御算計不当のこと」、見込みが間違っていますよと言っている。「官においては資本充分にして、器械に不足なし…利益なきことあたわず」、つまり、公的機関において資本は充分であるはずで、器具等に不足も無く、利益が上らないはずがない、というのである。

公的な事業としておこなわれていた刑務所での授産事業は、やり方のまずさによって廃止の憂き目を見るところだったらしい。源太としては、民間の製紙業者は資本も少なく、設備も整わない中で精一杯知恵を働かせ、工夫をこらして製造に携わっているのに、という思いが強くあっただろう。その後、この刑務所での製紙事業は存続することとなったらしく、日記の中には「監獄署へ行く」という記述が何回か見られ、そこでの紙製造の指導が続いたことがわかる。

一方、民間での授産にもかかわった。和紙製造に関して「鷹匠町・三浦百太郎組」による「南栄社」と「中嶋町・黒田兆亮組」による「高知同業抄紙会社」という組織がつくられることになり、明治十六年（一八八三）からその指導に携わった。

南栄社の開業式に当たって述べたのであろう祝辞の言葉が下書きされている。

「本県の製紙は産出品の第一である事に賛同しない人はありません。農閑期に紙を漉くものを含めて三万人余。山を崩して楮原料を増産し、道を掘って紙を運び、湊を開いて海外も遠しとしません、ここに有志が協力して南栄社を開き、良心にしたがって良質品を生産するでしょう。これによって貿易の進歩は四方へ拡がり、東洋の製紙のまたアジアの名誉となるでしょう。」

源太が思い描いていた、世界を視野に入れたビジョンの一端をうかがうことができる。

第4章

各地への伝習・巡回指導

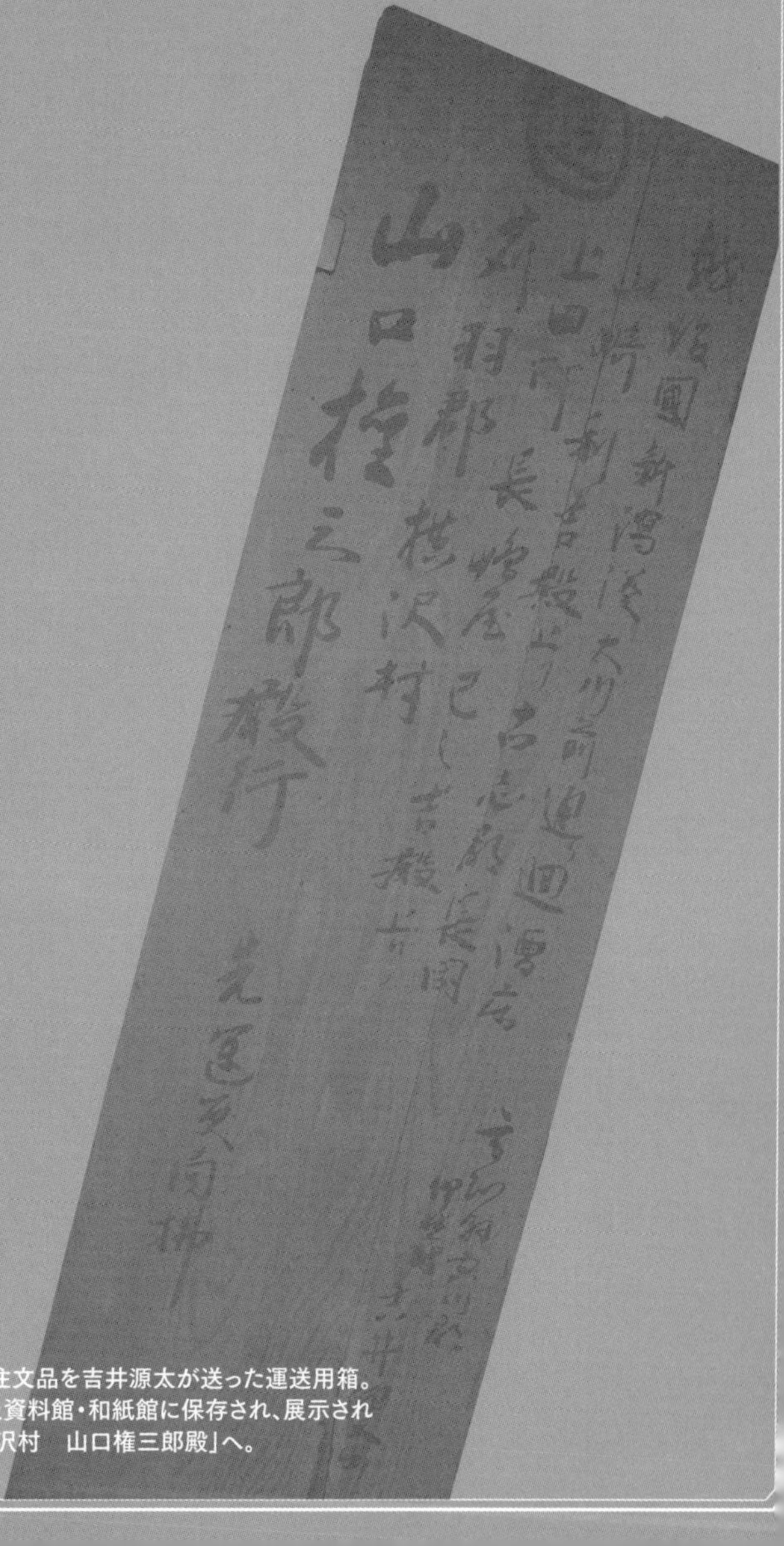

新潟で巡回教師をしていた久松儀平の注文品を吉井源太が送った運送用箱。
公益財団法人　山口育英奨学会の郷土資料館・和紙館に保存され、展示されている。「越後国新潟湊」から「刈羽郡横沢村　山口権三郎殿」へ。

吉井源太らの伝習指導後の時代、各地にその技術の定着が見られる。もしも伝統的な紙漉き技法を守るのみであったとしたら、各地の和紙産地の世界そのものの存続が危ぶまれる状況になっていたのではないだろうか。

教えを請う人々

吉井源太のまわりでは、新しい器具の使い方や新しい紙の漉き方を習いに来る人、それらを教えに行く人が常に出入りしていた。

履歴書に書かれているその最初は、明治九（一八七六）年に岐阜県恵那郡中村の松井利吉という人が、指導を求めてやって来たことであった。この人は、源太の自宅に滞在して数か月練習を積み、新しい紙の製造方法や改良器械等のことを習った。改良器械というのは、源太が開発した大型簀桁のことだ。岐阜県は美濃紙の産地として日本で最も古い紙産地の一つで、高知県同様、県内に和紙製造地がいくつかあった。美濃和紙産地として最も盛んであったのは、岐阜市から北の山間地域になる武儀《むぎ》郡というところ。松井の地元である恵那郡というのは、岐阜市から東へ木曽川沿いに行った、長野県に近い地域になる。伝統的な和紙製造においては武儀郡ほど盛んではなかったので、明治時代になって新しい和紙を積極的に取り入れようとしたのかと思われる。

明治十二（一八七九）年には、愛知県加茂郡の土居幸四郎他の人々の招きに応じて、長男洋助を遣わして改良製紙の方法を指導させた。この洋助という人は、詳細は不明ながら、この三年後に亡くなることになる。わずかに残されている書簡によれば、土居幸四郎らの人々から大変信頼を受けていたようで、その死により人々は大変なショックを受けたようだ。もちろん源太の心痛は計り知れないものだっただろう。その後の日記にも「洋助年忌」のことが区切りの年ごとに書き込まれている。

明治十六（一八八三）年には、山口県から製紙教師三名を招聘したいという依頼を受け、高知県から小路楠馬他二名を派遣することにした。これらの三名には県内をくまなく巡回してもらう、という約束だった。この頃源太は山口県に楮神社というものがあることを聞いて、詳しく知りたいと思っていた。彼らに楮神社のことを調べて欲しいと頼んでおいた。

この神社は、「楮祖神社《ちょそ》」のことだったと思われる。山口県玖珂《くが》郡本郷村、現在では岩国市となっている、島根県に近い山間地域だ。和紙の産地であり、産出される紙は「山代紙《やましろがみ》」としてその名が知られていた。

この山代紙は、本郷村の住人であった中内與左衛門《ちゅうないよざえもん》が、この地方に適する楮を試植し、紙を漉いたのが始めとされている。永禄八（一五六五）年のことで、これにより製紙が山代地方全域に及び、人々の生業を助けた。住民は與左衛門を紙生産隆昌の守り神として楮祖神社に祀ったというのである。

源太の明治三十六（一九〇三）年の日記には「山口県　楮神社　中内氏履歴」という言葉が書かれている。現在では、この中内與左衛門というのは支配者側の人間であったという研究もあるようだ。

明治二十年鳥取県巡回

・雪深い坂を越えて

源太は、明治二十（一八八七）年早春に鳥取県へ巡回指導の旅に出た。それは二ヵ月半におよぶもので、滞在中は、ほぼ連日、各地域を回って、紙の製法に関する色々なことを教えた。鳥取の町へ着くまでの道のりだけを見ても苦労がしのばれる。

三月二日午前十時三十分、高知県の浦戸港から船で出発、翌三日の午前四時に神戸港に入る。午前六時半に神戸から人力車で陸路を行く。兵庫－明石間に鉄道が開通するのは翌年である。湊川、須磨と西へ進み、ここで「朝酒を得」て、さらに進み、明石に着く。ここで人力車の車夫が替わって、加古川まで行き、昼飯となる。

このあとさらに西へ進んで姫路へ着く。ここから北へ向かい、中国山地に入っていく。因幡街道という、鳥取への街道をたどることになる。現代の鉄道路線では、姫新線で佐用へ行き、そこから智頭急行線をたどるという道筋である。姫路を過ぎてすぐにある追分坂では、いったん麓で休み、人力車を降りて、空の車とともに歩いて越えた。その道でも路傍に見える木の名前を車夫に尋ねたりしている。坂を越えたところで一泊。

四日は午前六時二十分に出立。相坂などいくつかの坂を越え、因幡街道の宿場町であった平福に入る。ここで昼飯をすませる。近くには鎌カ坂という坂があり、楮や雁皮が生えていると書き留めている。ここからさらに北へ進むと岡山県に入り、大原に着く。現在は宮本武蔵誕生の地として有名になっているところ。源太はここで、新道を作っているところだという話を車夫から聞いた。これを越えると鳥取県との境の坂根に着く。ここで一泊する。

五日は午前六時に出発、坂根を過ぎて鳥取県に入ると、志戸《しと》坂、駒帰《こまがえり》山などが続く難所である。その上、春になって少し暖かくなっていたところ、源太が来る少し前から寒の戻りとなり、雪が四尺（約百二十cm）積もっていた。寒さは非常に厳しく、百五十cmのツララが下がり、子供がその間を行ったり来たりしているという状況である。人が言うには、さらに、新道開削のため旧道が取りつぶされて仮道となっていて、旅人が大いに困っているということだ。駒帰山も大雪のため人力車が通行止めになっていたらしく、源太は三人がかりの「駕籠にて越す」ことになった。

この駒帰山を九時に越え、このあと智頭で一休みする。そしてまた北へ進んで、現在、流し雛の里として有名になっている用ケ瀬《もちがせ》に入る。道中に三椏が生えていることや、牛車でこの皮を運んでいることを見て、日記に書き留めている。この日の午後四時に鳥取の町に入った。出発からまる四日かかっている。

・各地区で連日の巡回指導

このような「巡回指導」は、双方の県庁を通じて決定され、教師を委託されることになっていた。出発前、源太は体調不良のため、高知県庁あてに出発延期願を出しており、到着時は鳥取県庁への到着届を出す必要があった。

鳥取県へ到着した源太は翌日、到着届を会計課員に提出しに県庁へ行き、それから農商課の係員二人と色々話をした。鳥取県の状況を少し聞き、ここでは人々が静かでおとなしく、のんきであまり勉強をしていないようだという感想を書いている。休みなく働き、勉強していた源太には、物足りない感じを与えたのだろう。

次の日には鳥取県巡回で指導する項目を書き出し、巡回先で話す講話内容を考えるなどして準備を整えた。翌三月八日いよいよ出発。それからは連日、ほとんど一日ないし二日の滞在と移動を繰り返して指導をすることになる。まずは県西部の主要な地区を十五日間ほどかけて指導に回った。このあと県東部を回る。

現・鳥取市から西へ二十㎞ほど、県東部になる山根地区は、現在も因州和紙産地として有名である。三月二十三日、ここで六十名あまりの人を前に、製紙に関するさまざまな技法について話をした。夜は戸長《こちょう》（町村行政の責任者）と学校の先生と三人で酒を飲んだとある。

翌日は三椏の煮熟についての見本を見せたりして、三時に鹿野へ向けて立った。秀吉の時代に戦国大名の亀井茲矩《これのり》が治めた鹿野城があったところだ。源太はその城跡へ行き、当時のままの石垣や堀の跡が残っているのを見て、勇士の功労を眼前に見るようだという感想を書き留めている。源太は、訪れた各地で古い史跡などを見て、当時をしのぶこともよくあった。

ここから山間部を南へ進み、各所でさまざまな土地の様子を見ながら指導をした。三月二十八日、現・鳥取市の南西約十三kmのところにある上砂見村へ着いた時に、持病である喘息の発作を起こしてしまった。土地の医師を呼んで薬をもらうが治らない。県係員が相談をして、もう少し大きい村からも医師を呼んだ。その医師は翌朝四時に到着して色々な薬を処方するが、良くならない。協議の結果、ひとまず鳥取の町へ引き上げることにした。午後一時に町の宿泊先に戻る。医師二人に来てもらい、薬を処方される。この夜は横になって寝ることができなかったと日記に書いている。

手当ての甲斐あって、翌朝からは快方に向かう。しかしこの中、鳥取県の委員から見舞いを受け、高知県庁からは万国博覧会への出品の問い合わせがあり、また、数日前に指導した山根地区から試験漉きの紙が送られてきて、評価を求められたりするのだった。

・鳥取県巡回指導の終了

二か月あまりの間、鳥取県各地での巡回指導に携わって、源太は五月十一日に帰途につくことになる。

出発前日には県知事に呼ばれて面会し、書状や慰労金を渡される。巡回教師の指導料は規定で決められたものであり、教師料または給料と呼ばれていた。この慰労金というのは、それとは別に、まさに労をねぎらう意味で知事から手渡されたものだっただろう。

また、鳥取県内各地への巡回指導中、ほとんど常に同行してきた県の係員があり、これらの人々から料亭へ招待されている。これも役目からだけではなく、長い巡回の中でつちかわれた親近感のようなものもあっただろう。翌日、これらの人々と宿で発句、つまり俳句を詠んだ。午前十一時に宿を出発。しかしすぐ同じ人たちと共に、また酒席をもうけている。夕方、岡山県境の坂根に到着する。鳥取県係員の人々もここまで送りに来た。源太はここで一泊する。

翌日夕方に姫路へ到着する。往路とは季節が違い、雪による困難がなかった。姫路で一泊して、次の日に明石、須磨と、来た時と逆のルートをたどる。この時は須磨寺を拝観したりもした。このあと、神戸から汽車で大阪へ出た。

同郷で、親しい間柄であったと思われる苅谷武之助という人が、大阪に滞在していた。この日は、この家に泊まる。翌日、「銅線会社に行き、見本を受け取る」と日記に書かれている。簀桁に用いる材料の見本かと思われる。

また、懇意にしていた大阪の原料商も合流して、書画を書いたり、午後十一時頃から北新地で酒宴を開いたりしている。北新地は今も大阪の高級歓楽街となっている場所だ。

源太は地方での長い巡回を終え、気心の知れた知人たちに会って、一度に緊張を解いたのだろう。この時、動けないほど酔ってしまった。翌朝早くに帰ったらしい。帰って、昼まで寝たあと、午後に博物館へ行った。

夕方には汽車に乗り、神戸まで帰る。翌朝、楠公社（湊川神社）へ参詣する。楠正成を祀った神社であり、その忠誠に思いをめぐらして、また句を作ったりしている。

高知県へ帰ってから県庁へ出した報告書には、次のようなことが述べられている。

「鳥取県東部・西部の十四郡を巡回し、各所で製紙工場を検分しましたところ、皆旧習で、半紙や美濃紙を一枚漉きしているばかりです。また、漉き・干しの手が遅く、一日に少しの量しか漉くことができていません。紙業家は衰微の至りというありさまでしたが、巡回教師として大型簀桁を奨励し、また原料栽培について論じましたところ、人々は大いに関心を示しました。鳥取県における産額を増大させる時が来たと県庁でも大賛成でした。人々は組合や会社を設立する準備、また士族授産の工場を建設する費用の見積もりなどを始めています」

苦労と引き換えに、鳥取県の人々へ与えた影響は大きかったようだ。

・鳥取県巡回こぼれ話

明治二十（一八八七）年の源太の鳥取県巡回指導は、長期にわたる各地への訪問であったので、見聞きした珍しい出来事も多く書き留められている。民俗学的に興味深いものもあるので、それらのいくつかを紹介したい。

三月二十二日に海沿いにある泊というところで昼飯をとった際、このあたりでは帆舟の競走があるということを聞いた。その後、東へ移動し、紙産地に入るために青谷《あおや》に到着するが、このあたりは江戸時代の木綿の産地であり、青谷木綿を二反買ったと記している。次に入った紙産地の山根では、意外にも、「高知南新町の池田氏」という警官に会い、話をしたようだ。

さらに東にある吉岡には、郡役所、警察があり、栄えていた。ここには吉岡温泉がある。源太が訪問した時には温泉宿が二十戸余、民有組合の温泉が三か所あった。「入浴するのに往古よりきまりがあり、一より百までの数え唄がある。それを唱えて天窓に湯をしゃくり掛る。そのあり様は実に古風であることよ」と記している。このあたりで湧出する湯はかなり高温であるために、そのようなしきたりがあったのだと思われる。

その後、中国山地のふもとにあたる河内村の宿では、朝、松江節というものを謡いに来た。「節句、餅もらいに来る旧正月の万年ホメのようだ。家々を回って悦《いわ》いをするという」と書いている。

四月七日には鳥取の町で、「士族屯田兵五十戸が北海道に行く話を聞く」。二百人の人口減少になるので、「鳥取町は淋しき事となると人々は嘆息する」と書いている。

その後、紙産地である佐治に入る頃は、四月らしく「昌福寺境内に桜咲き、椿あり、外山に花盛る。木蓮満開」という時候であった。この佐治村の中、加瀬木という地区では三椏栽培が盛んで、次第に価格が騰貴していることが記されている。ここの宿で聞いた話が次のようなものであった。「この宿に下女あり、みつ。その従弟とら、という女、明治十七年に四国巡拝する。その時五台山で犬の吼え付くことがあり、その処縁にして五台山の茶屋に嫁す」。ここでも思いがけず高知と縁のある話があった。

ここから用ヶ瀬に向かっていたところ、途中にある中谷という家で、ぜひ泊まって欲しいと懇願されて一泊することになる。この家には離れもあり、有名な人の軸や屏風があり、それらを見せてもらった。この家の内儀は京都の芸妓であった人で、音曲、義太夫の先生であった。ここでは美術品を見たり義太夫を聞いたりして、大いに楽しく過ごしたようだ。

四月二十七日にはまた吉岡温泉まで戻る。湯治の人が数客いた。例の算え謡を聞く。前回は風邪気味のために入湯をやめておいたが、今回は自分も入ろうと、温泉につかる。来訪者から鯉を貰ったりもした。

翌日は晴天のもと、近くの山上にある「秋葉社に上った」とある。現在、秋葉公園となっている小高い場所で、頂上に秋葉権現が祀られるお堂があり、そこからの見晴らしが良い。源太はここから景色を眺め、「麦畑の縁に狐を見る。尾のさき白く、木立根笹の中に這入る。寅卯の方に湖山池あり。中に七島あり。青島猫島。この島は浮嶋という。洪水がどれほどでも水際の深い事を見ずという」と記している。気持ちの良い景色を見ることができた。今は、ややうっそうとした木々の間から見はるかすことになる。

明治二十九年愛媛県巡回の旅

明治二十九（一八九六）年五月から二か月半をかけて、源太は愛媛県内産地を巡回指導した。移動の範囲は、川之江、西条、今治、松山、久万、大洲、内子、宇和島にわたり、各郡役所で歓迎された。各所で、多数の来場職人に対して、当時最新の紙の抄造方法などを講習している。この時源太は満七十歳であった。

巡回の初めに松山で県との打ち合わせがあった。「五月四日　県庁に行く。書記官に面会。明五日より川の江に出張する手順を話す。午後二時真部光太郎来る。旅費受け取り、依頼委任状渡す」とある。真部という人は県関係者と思われるが、この前日にも源太の宿を訪ねて酒を飲んでいる。五日には朝七時に宿へ迎えに来て、荷物の用意などをし、その後も同行した。
桜三里という桜の名所を通る際には「絶景を見て」、七日の午前に川の江に着き、郡役所に行った。郡長に面会した後、三嶋（現・四国中央市三島）に行く。ここで「製紙改良の式を行う。郡長祝詞。総代の祝文。吉井源太演説」とあるので、源太の指導巡回を製紙改良の良い機会ととらえて、発会式のようなものが行われたと思われる。この付近十二か村に五百人以上の製紙関係者がいる、と書かれている。その後は連日、各地で松脂の煮方をはじめ、当時の先端の紙を含めた紙の製造法が伝習された。「十一日　コッピー紙　東洋紙　典具帖　三椏小半紙　三椏大半紙　防寒衣　六寸半切紙　封筒紙　この八種の話をする」といった内容が記録されている。「五月十四日　午前七時　住治平《すみじへい》の弟来る。各紙土産として、ビールを添え持参あり」とあり、この地で紙業発展に尽力した住治平との交流があったことがわかる。

各地で伝習、公的・私的な話、各所との手紙のやり取り、人々の来訪やこちらからの訪問、画や書の鑑賞、さらには病での受診などがありながら巡回を続けた。現在の内子町と久万高原町の間にある真弓峠では、ワラジを踏み破って大変困り、菓子や寿司などを売る峠の店で、休憩の際に、ワラジがないかと聞くと、ちょうど売り切れていてお気の毒ですと言われるハプニングもあった。この時、売られていた馬のクツが履けないかと言って一行が大笑いをしたと書かれている。結局、この家の姉妹が持っていた自家用のワラジを分けてもらい、遠慮を押し切って多めの代金を置いたということだ。

このあと県西部となる内子、大洲、八幡浜から宇和島を巡回している。「六月十日　五十崎村に着　生書院の試検。山脇寿之助、漉方つとめる。この地の人皆々手並好し」とあり、愛媛県の伝統ある紙産地の技術レベルが高かったことがわかる。「生書院」は楮のみで漉かれる書院紙で、高い技術が必要である。源太には各地の技術の高低はすぐに見極められたはずであり、中には、熱心な人が少ないと記述される地域もあった。

六月十九日に八幡浜から卯之町へ抜ける時、峠での見晴らしを「田植盛り。実に野面の気色美有り風陰あり」と描写している。このあと、野村町へ行く道中では荷物運搬の人が体調を崩し、気遣いをしたようだ。野村町には泉貨（仙過）紙を作ったとされる仙過居士《せんかこじ》の墓があることを聞き、参拝もしている。

七月に入り巡回も最後となって、宇和島から松山へ船で移動する。七日、宇和島の吉田は「本日夏祭　太鼓朝から打続き。児供の声々賑わしい。実に富国の有様」であった。九日には松山の県庁で知事に面会、巡回した各郡の状況を報告した。翌日は、画を描いたり、酒宴を開くなどして関係者との親交を深め、帰途についた。

愛媛県の川之江・三島地区では、紙漉きが始まったのが比較的新しく、明治期に急成長を遂げるが、これは高知県をはじめとした先進地の技術習得に熱心であったことによると考えられる。この中、源太は二か月余りの巡回指導で、他産地ではあまり教えることがなかった最先端の抄造方法の指導を行った。特に川之江・三島地区では、「三椏小半紙　三椏大半紙」といった、後に「改良半紙」と呼ばれるようになる、新しい原料と器具を使った紙などを伝習した。

新潟県へ派遣した仲間の訃報

明治二十四（一八九一）年八月十二日に源太は、新潟県抄紙伝習場の出資者であった山口権三郎宛に教師派遣のことで次のような手紙を送った。

「教師の件につきましては、かねて御通知致しましたように久松儀平を派遣いたします。給料は一ヶ月二十円と定め、一ヶ年の約束と致します。往復の旅費は六等旅費と定めております。これは鹿児島県庁、山口県庁から招聘された時と同じ規定です。

このようにお約束いたしますので、旅費を二十五円位まずご送金いただきたく存じます。本人の貴地到着の際に清算いたします。

製紙器具一式は、本人の立ち会いにおきまして二箱に荷造り致しました。本人から説明をお聞きくださるようお願い致します。本人久松儀平は九月下旬に貴地に到着致しますよう出発致させます」

当時、製紙教師派遣がどのように行われたのかがわかる。県庁間の取り決めに基づき、源太が、候補者の中から人選し、実際の派遣計画を取りまとめたようだ。

このようにして新潟県との約束がまとまった久松儀平は、九月二十六日に源太と送別の宴を開いて、旅立った。久松は、源太の父の実家につながる人だと思われ、かなり親しい間柄であったらしい。お互いの家をよく訪問していたようだ。この人が発った後、その留守宅へ呼ばれたりもしている。

翌年四月、久松は一度新潟県から帰郷してきた。半月ほど滞在して、また出発した。この時にも、現地で使う簀桁の注文を源太に依頼したりしている。この時の注文品は六月初旬に新潟県へ送られている。

それから四か月して十月十二日午後七時、源太に電報が届いた。久松儀平が病死した、というものだった。大騒ぎになったことは想像に難くない。このあと、現地で荼毘にふされたと思われる。十一月一日に高知県内で葬儀が行われたことが日記に書かれている。

この頃、次のようなことが源太の日記に現れる。十月二十六日に知り合いと大酒をして、帰りに川岸から田へ落ちる。十一月九日、神事へ招かれて行った帰りに川に落ちる。

日記全体を通して、源太が怪我をするようなアクシデントに見舞われるという記述はほとんどない。抄紙においては、高温での作業や薬品の取り扱いがあるにもかかわらず、周辺の人の起こした事故や怪我の記述はあるが、源太自身にはそういうことがほとんどなかった。源太が、このように連続して失敗をしてしまうというのは異例のことだ。久松儀平の派遣先での死は、源太の心にかなりの打撃を与えたということだろうか。

全国に教師を派遣

源太は、新潟県へ製紙教師として派遣していた久松儀平の急死の後、高知県での葬儀も済んだ明治二十五（一八九二）年十一月十七日、現地での世話人であった山口権三郎宛に次のような手紙を送った。儀平の死に際して各種の手配をしてもらったこと、儀平の息子の林之助を雇用してもらえることへのお礼を述べている。

「久松儀平死去の節は、御厚情、実に御礼の申し上げ様もございません。このことを親族一同深く感謝いたしております。また林之助の件につきましては、儀平の後役として御雇い下さり、これまた本人の希望の通りと存じます。若輩につき、なお一層御引立をこうむりたく、お願い申し上げます。林之助の給料につきましては、御取り決めいただきますようお願い申し上げます」

久松林之助は翌年四月まで新潟県で製紙教師として働き、四月十四日に帰ってきた。この時、山口権三郎より「越の雪」進物あり、と日記に書かれている。これは越後長岡の銘菓だ。源太は久松家へ呼ばれて、林之助慰労の酒宴につらなった。

この山口権三郎という人は、新潟県柏崎から東へ十五㎞ほどの、刈羽郡横沢村（現・長岡市小国町横沢）の大地主の家に生まれ、県会議員や議長を務める一方、産業近代化の必要性を感じて、日本石油や新潟鉄工といった会社の創設にかかわった人だ。地元は小国和紙の産地でもあり、その改良を考えて高知県から教師を招聘したのだった。その結果、この産地では明治二十六（一八九三）年のアメリカ・シカゴ万国博覧会に紙を出品し、賞をもらうことができた（廣井重次編著『山口權三郎翁伝記』昭和九年（非売品））。

久松林之助が帰郷した四か月後の八月、福島県から教師派遣の依頼が来る。源太が林之助を推薦し、了承された。九月に二人で高知県庁へ行き、福島県行きの打ち合わせをしている。源太は福島県へ次のような内容の手紙を出した。

「先般よりご依頼の製紙教師につきまして、高知県庁ともご相談いたしました結果、久松林之助というものを差し上げます。お世話いただきますようにお願いいたします。本人は若輩者ではありますが、改良の製造方法に充分熟練いたしております。組合委員皆様のお引き立てをお願いいたします」

このあとも、各地から製紙教師派遣の依頼は数多くあったようだ。「教師が各地へ出てしまい、現在は一人もおりません」という返事を出すこともあった。このような状況と、また物価の高騰にもよると思われるが、林之助の新潟県派遣の頃に二十円だった一か月の教師料は明治三十七（一九〇四）年には次のように上がっている。

上等　七十円

中等　五十円
下等　三十円

日記によれば、この教師の等級というのは、改良の製造方法の技能レベルによるものではない。ものを書く力や、説明・談話の力の差によるということだ。

この間の和紙の価格上昇率は二倍弱であった。力量のある製紙教師は重用されたことがわかる。

修業来訪の人々

源太周辺の高技能職人たちが各地方へ製紙教師として派遣されることは、明治十年代からおこなわれ、高知県の紙漉き技術が広まっていった。明治二十年代から、高知県へ伝習希望者を受け入れたという記述が多く出てくる。全国各地から希望者が出入りしたことは、日記を通してうかがえる。

前後の様子が比較的詳しくわかる伝習希望者に、鹿児島県の山之城という人がある。この人はまず明治二十三（一八九〇）年の暮れ頃に仲介者とともに源太を訪れている。そして伝習の話がまとまったのだろう。約一か月後の二十四年一月末の日記に「山之城、本日より仕事着手」とある。そして翌日源太はこの人の兄にあてて「貴弟、ご依頼の製紙伝習に昨日から従事されましたので、ご安心ください。このことをご報告申し上げます」という手紙を送った。

この山之城は源太の住居と垣根一つをはさんだ家屋に住み、手漉きの修行を始めた。約一週間後、熊本県から来た三嶋という人が、同じように伝習を始めることになった。源太はこの時も、仲介者である県の担当者と父親あてに手紙を出した。「三嶋氏、昨日より着手、垣一重を隔てたところを御宿所として、鹿児島県山之城氏と同宿しております」と知らせている。このようにすぐに状況を知らせてもらえば、遠方へ子弟を送り出した人たちも随分安心したことだと思う。源太は各種関係者への挨拶、報告を非常に几帳面におこなう人であったことが日記を通してよくわかる。

この山之城と三嶋は仲良く伝習を受けたらしく、二人が酒盛をする場に呼ばれ、源太がこの二人に製紙業についてゆっくり話をしたり、近所の人も交えて酒宴をしたこともある。将来、各地方で活躍してくれそうな有望な青年への保護、指導にはやりがいを感じたのではないだろうか。穏やかな気持ちで交流していた感じを受ける。

実はこの時、源太自身の生活の中には、大変なことがあった。長らく病気であったらしい妻の状態が、かなり重篤になっていたのだ。二十四（一八九一）年の正月五日には、いよいよ肺にたまった水を抜くことを親族の人と相談して、三合の水を抜いたという。その後も同様の処置が何回か施された。しかし、妻は手当ての甲斐なく、四月二十三日に死去することになる。そのような状況であった源太は、青年たちとの交流に大きな慰めを得ていたのかもしれない。

ただ、源太のところへ全国からやってきた多くの伝習希望者が、源太の満足するレベルにまで達して終了する場合はまれなことだったようだ。明治二十四年十一月、鳥取県から伝習人受け入れをお願いしたいと言ってきた手紙に対して、源太は次のように返事をしている。「伝習人として多くの県から青年たちがやってきます。二年、三年また五年などと定めてこれまで百数十人が来ましたが、一人として伝習に熟達するものはありません」。源太が受け入れ、指導する相手で、その熱意に十分応えられる人は少なかった。

この年の早々に、鹿児島と熊本県から来た青年たちも残念ながら例外ではなかった。熊本県から来ていた三嶋は五月に、鹿児島からの山之城も八月に故郷へ帰ることとなる。一年未満の伝習での帰郷となる。

山之城は伝習中には大変熱心であったらしく、源太は、大蔵省印刷局抄紙部の技師に、当時発行されていた『製紙の進歩』という雑誌を、山之城あてに送ってくれるように頼む手紙を出してあげたりしている。そのような人が、八か月の滞在で故郷に帰ると言ってきた時には、随分がっかりしただろう。しかし、この技師あてに、その雑誌を故郷のほうへ送ってあげてくださいと伝える手紙も出している。

なぜきちんと上達するまでやらないのか、という歯がゆい思いがあっただろう。先にあげた鳥取県からの受け入れ依頼については、断っている。しかし、源太はこのあとも伝習に来たいという人を受け入れて、指導を続けている。

ただ、このような状況になるのは、必ずしも他県から伝習に来る人々に熱意がないということだけが原因ではないように思う。というのも、当時の高知県でおこなわれていた製紙の技術はかなりレベルの高いもので、ここで伝習されるような種類の紙を身近で見てこなかった人には、想像以上にハードルが高かったのではないか、と考えられるのである。

明治二十六（一八九三）年、栃木県からの伝習人受入依頼の申し込みに対しては、「こちらへ止宿されれば御飯料自弁（食費自己負担）で伝習いたします。よそへ宿をお望みであればそのお世話もいたします。期限はありません。腕前が相当なものになった時には報酬も出します」という受け入れ条件を説明したあとで、現在受け入れている伝習人のことを述べている。彼らは、北村真安、千頭一義という高知県内の有志者（製紙への志のある人）で、実直な人たちですと書かれており、順調に修業が進んでいるという印象をうける。高知県内の青年であれば、幼い時から、新しい紙やその漉き方について見聞きしていたことだろう。

残る吉井源太の足跡

明治の時代を通して各産地へ伝えられた土佐和紙産地の技術が、明治が終わって三十年ほどたった頃（昭和初期）にどのように残っていたのかを見てみたい。その足跡を伝えてくれる貴重な文献として、英文学者である壽岳文章が、妻の静子を伴って、紙が漉かれている全国の産地を調査した際の記録、『紙漉村旅日記』（寿岳文章・静子共著で昭和十八年に向日庵私家版として、標本和紙百三十四種添付、限定百五十部が刊行され、以後覆刻版も出された。以下『旅日記』とする）がある。昭和十二（一九三七）年から同十五（一九四〇）年という第二次世界大戦突入直前の時期に、高松宮家から有栖川宮記念学術奨励金を得て現地調査が行われたものであった。ここでは昭和六十一（一九八六）年刊行の『紙漉村旅日記　定版』（春秋社）によった。

序文には「昭和十五年の春などは、旅行することにさえかなりの不便を感じた」とあり、戦争が差し迫っていた時代状況が説明される。「しかし、幸いにも、漉かれる紙そのものにはまださほどの変貌は現れていず」、この頃までは明治期の足跡が残っていたことが推測される。ところが、「太平洋戦争の勃発とともに事情は一変し、和紙の規格は著しく狭められ、すべては国家総力戦の動向によって支配されるに到った」とあり、次の時代にはその変貌が大きくなったことが理解される。

このような中、壽岳文章は単独もしくは夫妻での訪問により、高知県を含む全国の三十九府県を訪問調査した。記録の中に、明治期に「土佐の影響があった」と記している産地が二十府県ある。それは、岩手県、宮城県、福島県、栃木県、石川県、岐阜県、静岡県、三重県、京都府、鳥取県、広島県、徳島県、愛媛県、福岡県、大分県、佐賀県、宮崎県、長崎県、鹿児島県、山口県である。この他、原料や道具が土佐のものであるという記述は多くの産地にある。

「土佐の影響」について最も鮮明に書かれているのが、鳥取県と岩手県訪問記である。この時の様子を紹介していきたい。地名は記述のままとしている。

鳥取県産地訪問の時の記録には、「明治二十年に製紙巡回教師として来村した吉井源太の指導の跡が著しい」と、はっきり記述されている。これは、本書でも詳しく取り上げた鳥取県巡回のことである。『旅日記』には、気高郡日置村河原を訪ねた際、房安実蔵方で色々な話を聞いたことが書き留められている。実蔵氏の祖父である喜八氏の時代に楮から三椏にかえたこと、そして主として複写用の半紙や美濃紙を漉くようになったことを書いた後、前述の「吉井源太の指導の跡が著しい」とまとめている。

源太の日記中にも「房安喜八」という名前がある。『旅日記』当時にはまだその記憶がはっきり残っていたのである。源太の記憶が鳥取県の現代にも残っていることは後の項で見たい。

次に印象深い記録は、岩手県和賀郡十二鏑村を訪問した時のできごとである。調査をしていた壽岳文章のもとへ老人がやってきて、一枚の写真をうやうやしく懐から出して見せた。それが吉井源太の写真であった。この写真は、栃木県烏山の製紙巡回教師・国乗滝五郎が明治四十四（一九一一）年にこの地で講習会を開いた時、老人に与えたものだったという。国乗滝五郎は、源太の日記に何度か記述される、比較的近しい人であったが、その人が源太の没後に岩手県の成島和紙の産地で講習を行い、記念としてこの職人に源太の写真を贈ったということだろう。昭和初期の時代にもその写真を大切に保管し、紙漉きについての調査があるということを聞きつけて、わざわざ見せに来た老職人の思いが伝わってくる。

壽岳文章自身は、吉井源太や土佐和紙産地の高技能職人たちが各産地に広めた技法についてて、むしろ否定的であり、それぞれの産地に伝えられてきた、天然物のみを使った紙や紙漉きを高く評価していた。しかし、もしそのような紙漉き技法を守るのみであったとしたら、各地の和紙産地の世界そのものの存続が危ぶまれる状況になっていたのではないだろうか。

第5章 販路と組織についての活動

明治39年頃発行と思われる土佐紙業組合パンフレット。トロロアオイの花とガンピの枝葉がデザインされている。土佐紙と土佐紙業組合の歴史、紙に関する統計と県内主要紙商の紹介、各種の紙の説明が書かれている。

吉井源太は国内の紙製造業の先行きが不安なものになっていく中、業者が協力しなくてはならないという考えを持っていた。販路を見極めて取引を行うようにすれば、発展が望めるという考えは、現代に通用する。

大阪の問屋専売から東京への販路開拓

幕末から明治初期の吉井源太の取り組みがわかる記述は少ない中、わかる出来事が次のことである。履歴書に明治時代最初の項目として、明治七（一八七四）年に販路の問題を解決するために働いたことが書かれている。当時、高知県産の紙の評判が大きく落ち、紙業者の困難は、はなはだしいものになっていた。このため源太は、これをどうにかしたいという、同じ思いでいた旧土佐藩士の小八木卓助と共に大阪へ行き、原因を調査した。すると、問題の原因は大阪の問屋にあることがわかった。

昔から土佐産の松魚（鰹）節、材木、紙の三品は、藩庁の許可を得て大坂問屋の手に委託され、専売されてきた。廃藩となったために監督も廃止され、問屋はこの機に乗じてほしいままに商売を行うようになった。またこの時、紙の製造者も粗製乱造を極めたために困難な状況になったということであった。

この時源太は、大阪の問屋を調査するとともに、正当な取引をするよう説いてまわったが、応じてもらえなかった。また、高知県に帰って同業者に紙の改良や、東京への新しい販路を作ることを説いてみたが、やはりすぐには聞き入れられなかった。このあと源太は、意を決して、資産をつぎ込み、薄葉大判紙（後のコッピー紙）や改良した半切紙、雁皮紙などを東京へ出し、販路の開拓をしようとした。しかし、当時一般的に使われていたのは楮製の半紙や美濃紙だったため、これらの紙は用途が非常に少なく、大失敗に終った。

源太が、雁皮製の紙を市場へ出そうと試みたのは、少し先を行き過ぎたようだ。これから必要となる紙だと考えたものと思われるが、楮製の紙を使い慣れていた人々にこの紙はなじみがなかっただろう。そして、まだ、日本製のコッピー紙や図写紙が、海外でもてはやされる時代にもなっていなかった。

現在、大阪市内中之島の南側を土佐堀川が流れている。この南岸に江戸時代には土佐商人が集まっていて、土佐座と呼ばれた場所があった。また、これより南に、今では川はなくなって長堀通となっているが、長堀川という運河があった。これを使って、この岸にあった藩の蔵屋敷（米や特産物を保管する倉庫兼邸宅）に大阪湾から鰹節などが運び込まれた。ここには今も鰹座橋という地名が残っている。

このすぐ東には白髪橋という地名もあり、かつて高知県本山町の木材を運びこんだことから、本山町の白髪山にちなんでつけられたという。ここは、大阪の木材市場発祥の地となり、現在は碑が立っている。蔵屋敷内に古くから鎮座していた稲荷は、第六代藩主が鎮守社とし、一般の参拝も許した。今は「土佐稲荷神社」となっていて、花見の名所だ。土佐と大坂とのつながりをしのぶことができる。

しかし、明治時代になってからは、このような大阪とのつながりが新しい時代への対応を妨げたということだ。紙の流通について、源太らの改善の要望が受け入れられない状況になっていた。源太らの地道な活動の結果、高知県の紙業者はこれ以後、東京への販路を開拓するようになる。履歴書の書かれた頃には東京への販売が隆盛を極めており、源太は、念願がかなって、心を慰めることができたと書いている。

同業者組織設立への動き

源太は、紙製造において同業者の協力が大変重要だと考えていた。それを実践した跡を見てみよう。

明治十三(一八八〇)年には、伊野村戸長の役職にあった吉本楠美らと協力して、伊野に「製紙社」という組織を設立した。「社」とつけられているが、土佐紙の改良と販路拡大を目的とした同業者組合のようなものだった。メンバーは二百四十四名。当初、吉本楠美が社長、源太が副社長であったが、明治十五(一八八二)年には源太が社長となる。しかし、翌年には解散となった。履歴書には、この解散に至る理由がかなり詳しく記述されている。

この製紙社を設立する時に県から勧業資金を受けていた。その金額は数千円、現代のお金にして、数千万円以上にはなるだろう。この資金をもとに、かねて提唱していた粗製乱造の矯正や販路の拡大に努めた。この結果、維新の混乱時に落ちてしまった土佐紙の名声を挽回することができた。

ところがその後、県内で乳幼児の養育をサポートしようという育児会が設立されることになり、県庁からこの勧業資金を返還せよと言ってきた。その期日が急であったために、持ち合わせの紙を投げ売りのようにして処分せざるを得ず、大きな損失を出した。さらにはその後に物価下落が起こり、損失はますます増大した。

この育児会について、その設立の経緯が矢野城樓《きろう》著『中山秀雄』（高知市民図書館刊一九八七年）の中に詳しく紹介されている。中山秀雄は、嘉永二（一八四九）年に香我美郡岩村郷金地村の郷大庄屋の家に生まれた。高知県議会の第四代、第八代議長を務めるとともに、高知育児会の創設や土佐紙業の発展に貢献した。晩年は旧藩林政史の研究に没頭して、国有林下戻訴訟に執念を燃やし、大正十（一九二一）年に東京で病没した。

育児会を作ろうと、中山が中心となって明治初期から活動、明治十二、三年頃、京都にある浄土真宗の本願寺が、高知県に別院を開設するという計画を立てた。この時、本願寺に頼み、付属育児会を作ってもらうことにした。高知県庁より五万円の貸下金を受けることとして、設立の出願をした。この、育児会に貸し下げられることになった資金のために、源太らの勧業資金の返還が求められたということだろう。

ところが、明治十六（一八八三）年十二月、本願寺はこの計画から撤退することになる。育児会については、中山が仲間とともに新しく高知育児会を組織し、中島町の自宅を仮事務所とした。あらためて県から三万円の貸下げ許可を受けた、とある。

源太は、明治の初期から多数の同業者をまとめる組織を作り、紙業改善などのための方策を実施しようとした。しかし社会の中の制度もまだ整わない頃で、なかなかその努力が実らなかった。

紙業組合設立への貢献

源太らが明治十三（一八八〇）年に、伊野で作った製紙社が三年で解散した翌年、明治十七（一八八四）年に源太は、仲間の土居熊繁らとともにごく少人数で「七幸組《ななさち》」を組織し、長となった。七幸組は、改良紙の標本を作り、海外からの注文を受けようと活動した。そして、県庁を通じて各国領事館にこれらの標本を送った。これが功を奏し、コッピー紙や中国の紙に似た弘漉紙《ひろすき》と言われるものの注文があった。

弘漉紙の注文が中国から大量に来たので、七幸組だけでは応じることができず、大阪の紙商を通じて輸出することになった。ところが、この輸出が盛んになろうとする矢先に、この紙商に販路を奪われ、組は不振に陥った。履歴書の書かれた明治後期でも、大阪の紙商によるこの中国向け販路は絶えることなく発展している、と書かれている。

結局、この七幸組は明治十九（一八八六）年に解散となった。このあとの明治二十一（一八八八）年に、源太は伊野村で「製紙改良組」を設立して長となる。横浜に居留している外国商人の注文に応じて、典具帖紙やコッピー紙を製造した。また、文部省や東京の書店の製本用紙なども製造した。

一方、七幸組解散と同じ年に、公的に土佐紙業組合が設立される。源太はここで委員に選ばれ、技師の役目を受け持つことになった。この組合の頭取は、育児会の設置に力を入れた中山秀雄であった。中山秀雄が地方産業としての紙業に着手するのは明治十八年頃のこと、矢野城樓著『中山秀雄』にある。同書によれば、この頃は高知県下で反政府感情の激化があり、また紙業者たちも組合の必要性を理解せず、組合への賛同が得られなかった。

この頃の日記からは、県内紙業地を巡回して組合の必要性を説明し、加入するよう説得して回っている源太の姿が見てとれる。その際、相手からは組合への疑問が口にされることが多くあったようだ。明治二十（一八八七）年十一月の高知県東部地方への巡回を見てみよう。十一月九日に伊野から高知へ向かい、十日に赤岡入り。その後、安芸町、井の口を回り、十四日は再び安芸町を経て奈半利へ。そして、十六日からは連日、井の口、赤野、赤岡、山川村、また赤岡、赤野そして再び奈半利と回る。二十三日からはまた安芸に滞在し、赤岡、野市、槙の山の各地に。十二月に入ってやっと高知の町に戻ってきている。歩き、もしくは人力車での移動であった。

結局、この時の土佐紙業組合は、明治二十四（一八九一）年に解散になる。これらの動きは、明治二十九（一八九六）年に、紙業取締規則の施行を基にした、新しい土佐紙業組合が設立されることによって、完結した。石田英吉知事による施策であった。これと同時に源太は、明治二十一年に設立していた製紙改良組を解散する。

この新しい土佐紙業組合は加入が義務化されたものであり、違反者には罰則も決められていた。ここで源太は巡回教師兼顧問に任命され、以後の生涯を、この身分で、県内外各地の巡回指導による和紙の紙質維持・向上に努めることになる。

海外を視野に

源太はすでに明治十年代、二十年代に海外市場を視野に入れ、輸出拡大を考えて活動してきた。輸出拡大のための方策を考え、努力をしていったのである。

明治二十五（一八九二）年の日記に次のような記述がある。

「日本紙が洋紙に圧倒さるるを今此侭《このまま》指置ては、矢張《やはり》紙工商は開化国の下界に降る外なし」。つまり、和紙が洋紙に圧倒されるままにしておいては、和紙製造業者や紙商人は、欧米の国々の下位になっていくばかりだと警告している。源太は、洋紙製造業による日本製の紙への圧迫を感じ、どうにかしなくてはという思いがあった。

殖産興業の推進にあたり、産業技術を高めることを目的として、府県連合共進会や内国勧業博覧会などが多数開催されていた。明治二十八（一八九五）年、石川県での府県連合共進会の際、源太に演説の依頼があったようで、その手控えが残っている。貿易紙についてという内容となっており、「愚考するに外国は日本の品を疑い、百なれば百を一々検査せねば買入をしないというは、これ只双方とも心の解け合いが少ないと言うものと存じます。この理解することがないのは交際が薄いからで、外人と懇親会をと存じます」。

当時、外国商人が日本の紙を買おうとした時、外見は綺麗に見えるが、中に悪い品が混ざっているという粗製乱造が起こっていた。このため、海外の国が日本の紙を輸入する際は、荷物をすべて開けて、一枚一枚検査して合格しなければ買わないという状況になっていた。源太はこの原因について、双方とも心の解け合いが少なく、お互いが疑心暗鬼でやり取りしているからではないか、としている。疑ってかかる外国人との交際が薄いのが原因であり、改善のために懇親会をしてはどうかと提言をしている。これができるようになれば外へ発展できるのではないか、と書いた、明治二十八年というのは、日清戦争終結の年である。その約十年後には日露戦争が起こる。外国と仲良くしましょう、というような状況ではなかったと考えられるが、産業としてはお互い仲良くして発展していくしかないと考えていた。

また明治三十六（一九〇三）年には、輸出に際して大きな役割を担う流通業者に対して、次のような意見を下書きしている。「販路家に対して申すは、これは海外行き、これは国内需要という区別は正しくできてあります。そこで（海外向けについて）これは米国向け、これは英国向けと、また国内については東京向け、どこ向けと売り先が正しければ充分事業が進展すると存じますが、まだ充分の事に至りませぬ」。海外また国内向けの販売について、漫然とおこなっていたのでは販売実績が充分に上がらないと分析している。現代にも通用する販売戦略であり、グローバル戦略家の考えであったといえる。

日露戦争終結後の明治三十八（一九〇五）年には「今後、海外の拡張の見込」があると書き、海外への販路拡大の意気込みを示している。この時期にはしばしばこのような記述がなされるが、これは源太の死の三年前である。この頃でも、来訪してきた農商務省の書記官二人を紙業組合などへ案内し、夜中の十二時頃から面談をしたということもあった。この時「製紙の談話、満足の事とすべし」という感想を書いている。今後の和紙業に関して、勧業政策にかかわる官吏と充実した話し合いができ、大いに満足したであろうことが感じられる。

日記が書かれる最後の年となる明治三十九（一九〇六）年の年初には、次のような源太の考えが表明されている。

「勧業の道は山間にまた海浜に、各々その地勢によるところであります。わが郡は山を負い、沿海に出すところの物産は他郡に比べて小さいとは申せません。楮三椏を主原料とし、雑原料も増加して諸用紙の生産は県下ほとんど第一位を占め、この業に従事するものは益々盛んです。精励なることを希望します。そもそも精励とは何ぞや。事業拡張と製紙の改良、これです。いかに多額の製造を見ても、粗製乱造があればついにその業は縮小することとなります。製造は親子男女雇い人の昼夜の労によるものであります」

これが何のための下書きなのかは書かれていないが、この年開かれた四国実業大会での演説資料ではなかったかと思われる。また、この下書きは途中で中断されているようで、最後のほうで何を述べるつもりだったか、よくわからない。しかし、最後まで良心的に紙の業に励むことが肝要なことであると考えていたことがよく示されている。

国内では製紙業に誠実に取り組み、海外の人とも信頼し合い、販路を見極めて取引を行うようにすれば、発展が望めるという考えは、当時の世界情勢からすると常識的ではなかったのかもしれないが、最終的に必要なのは、やはりこのような姿勢なのではないかと、現代の視点からは思われる。

第6章 『日本製紙論』の出版

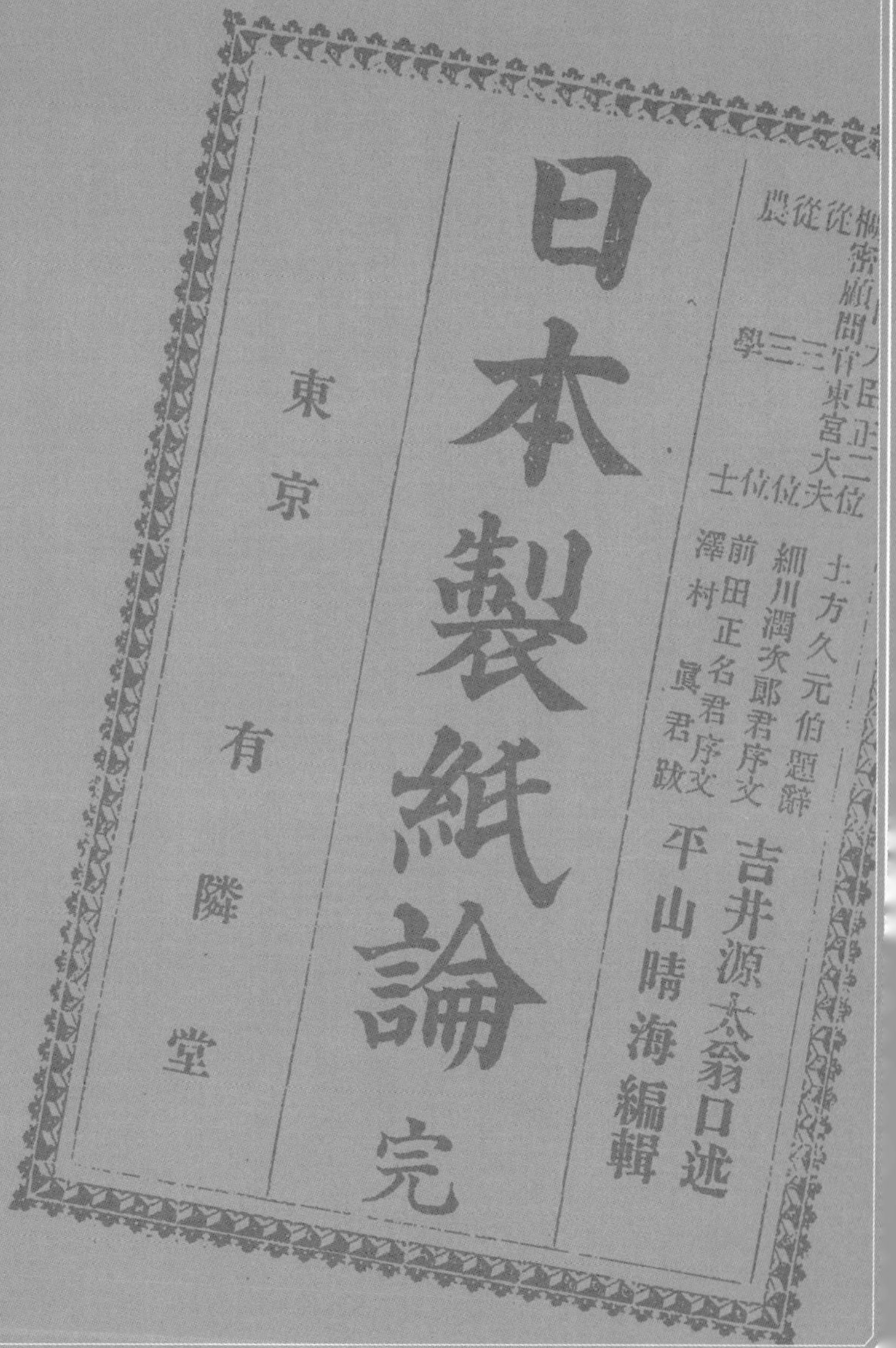

いの町紙の博物館所蔵の『日本製紙論』初版本。2000部の発行後、短期間で売り切れとなるほど各地から求められ、著者である吉井源太の手元にもなくなる状況であった。

吉吉井源太は、研究成果、開発した技術を隠さず同業者に伝えようとして本にまとめた。内容は経済的分析にもおよぶ充実したもので、この本の初版分はすぐに売り切れるほど全国の同業者に歓迎された。

出版のきっかけと協力者

吉井源太が仕事の集大成といえる『日本製紙論』を出版したのは、亡くなる約十年前の明治三十一（一八九八）年三月のことだ。源太は、旧来の方法から抜け出した新しい紙の製造方法を色々開発した。その内容を書き残すことは、紙を漉く人にとって大変役立つはずだと考えた人がいた。高知県簡易農学校の校長で農学士の澤村眞という人だった。源太は明治二十九（一八九六）年末から翌春にかけて、同農学校で紙漉きの実習を受け持った。

文部省は明治二十七（一八九四）年に「簡易農学校規程」を定めており、高知県簡易農学校はこれによって作られた。明治政府は子どもへの産業教育を重視し、そのため小学校卒業後に行く徒弟学校や簡易農学校などが作られた。

この頃の小学校は、六歳から十歳までの子が通う義務があった尋常小学校と、卒業後に希望者が行く十四歳までの高等小学校があった。徒弟学校というのは、尋常小学校卒業者が職工になるのに必要な科目を教えるもので、科目は修身や算術などの基礎的なものと、その職業に関わる科目や実習だった。簡易農学校というのは、簡易な方法で農事教育を行う学校で、農閑期にのみ開かれた。十四歳以上が対象で、科目は算術や物理の他、農業に関する科目が幅広く教えられる。地方の状況によって科目の組み合わせや、農業以外の科目を教えることが可能であり、ここで源太が紙漉きを教えたのである。その場所は日記には書かれていないが、高知の北門筋（現・高知市永国寺町）にあったようだ。高知城の北東にあたる。

源太はここで、若い生徒たちに土佐和紙の製造方法を一から実習した。日記によると、一年生から三年生までの一クラスずつで、いずれも十数人だったようだ。女子も各クラスに少しずついた。『日本製紙論』は、生徒へ実習を行うかたわら、まとめられた。

澤村校長が本の出版を勧めた時の様子が同書に書かれている。「吉井翁は謙遜して容易に筆をとらなかったが、製紙に関する本をまとめようとすれば、この仕事に熟練し、かつ功労のあった吉井翁以外にはないと思って、著述を勧めた」とある。源太の和紙に関する業績は広く知られており、その知識を他の人が参考にできる形で残して欲しいと思ったのだろう。澤村校長は、紙を漉く時に混ぜ、原料を分散させる働きをする製紙ノリの腐敗に関する化学的研究や発表をしていた、農業化学の研究者だった。源太は勤務の間に化学的な知識を教えてもらって、大変尊敬していたようだ。

また、この農学校には、本を作るのにふさわしい協力者があった。『日本製紙論』は、「吉井源太翁口述　平山晴海編輯《へんしゅう》」となっている。平山晴海という人は、畜産関係の教師として勤務していた教師だった。年末年始にもかかわらず、源太は平山と二人で熱心に調べ物をした様子が日記に記されている。

三十（一八九七）年の年初、一月四日に「平山氏と談話」とあり、その後ほぼ連日で平山との相談や話し合いがあったようだ。九日には「平山氏　その外狂歌の話しする」ともあり、仕事以外のことでも話の合う人であったように思われる。十三日には「農学校　平山宿直所で終日調べする　五時に帰る」、十四日も「終日協議」とある。熱心さがうかがえる。二十三日は休日で、「平山氏伊野に来る」とあり、行き来しての交流があったようだ。

このような熱心な活動の結果、充実した本ができあがった。

題辞と序文の依頼

・題辞

『日本製紙論』の表紙を開くと、大きな題字の四文字が目に飛び込んでくる。題辞とは書物の最初につける詩などのことで、いわば、顔になる。これを源太は、土佐出身の前宮内大臣正二位・土方久元に頼んでいる。同郷縁があるとはいえ、このような人に題辞を書いてもらえるのは、やはり紙業への貢献があってこそだっただろう。この本に対する思い入れもうかがえる。

土方久元という人は、土佐藩の重臣である用人格の家に天保四（一八三三）年に生まれた。土佐郡秦泉寺（現・高知市）に住み、秦山と号した。文久三（一八六三）年には藩命で京都へ上り、三条実美の衛士となる。しかし、この年八月十八日の政変により、実美ら七人の公家は京から追放され、西へ下ることになる。土方は、帰国せよとの藩命を拒んで、実美の側を離れず国事に奔走した。その後、土佐浪士の中岡慎太郎と共に薩長同盟の仲介に尽力した（『三百藩家臣人名辞典』）。明治政府においても役職を歴任し、明治二十（一八八七）年に宮内大臣に任ぜられ、八年後に伯爵になる。『日本製紙論』出版の明治三十一（一八九八）年は、宮内大臣を辞した年である。

土方が寄せた題辞は「潔白光瑩《けっぱくこうえい》」。清い白さと光沢という意味で、源太の漉いた紙と、源太の人となりとを誉めたものだろう。

この題辞を頼むことを主目的とし、出版社との協議のため、源太は、出版の前年、明治三十（一八九七）年十一月中旬から東京へ出かけている。三十一年一月中旬までの長期滞在だった。土方は、すぐに直接面会できる人ではない。まずは、伝手を頼って仲介をしてもらったうえで書生に依頼して、面会の承諾を得る手順を踏んだ。十二月二十三日に面会することができた。

ところが、この日の日記の記述はこうなっている。「非常に寒い。発病する。朝七時に宮内大臣官邸に行く。土方氏に面会する。十時に宿へ帰る。病気になる」である。「病」は、風邪のことだったようだ。

高知県から出かけた源太に、冬の東京は寒かっただろう。また、滞在中は『日本製紙論』の出版元との協議で連日忙しかった。とうとう折悪しく土方との面会の日に病気になってしまった。やっとかなう面会であり、キャンセルなどは不可能だったはずだ。風邪の辛さをこらえて面会に出かけたと想像できる。

源太は、面会を終えて宿に帰ったあと、しばらく寝込むことになった。宿へは、各所から手紙が届き、また、見舞品を持った人が訪ねて来た。

・序文

序文は細川潤次郎からもらっている。細川は土佐藩の儒学者の家に生まれ、吉田東洋に引き立てられて藩校の教授となった。維新後はアメリカへ留学、日本の法律起草に深く関わり、枢密顧問官や貴族院副議長を務めた人である。女子高等師範学校校長、学習院院長心得などを歴任。また、新しい印刷・農業技術の紹介などに力を尽くした。

細川の書いた序文というのは、源太のことを

「吾川の郡　伊野村なる吉井の翁は　わかき頃よりこの業を習ひ　種々の紙の善きか上

にもよきやうにと工夫に工夫を加え　ひたふるにこの業に便あることを謀りしか　やかてあまたの県より招かれをのか（自分が）得たる所を懇に教へけれは」

と紹介した、文語体の格調高い文章になっている。この意味は、「吾川郡伊野村の吉井翁は、若い時から和紙製造業を修得し、色々な紙をさらに良くなるようにと改良を加え、一途に和紙業のためになることをおこなってきたが、やがて多くの県から招かれて修得した技術を丁寧に教えたので」といったことになる。

この続きでは、このような源太の活動によって、今は日本の紙製造地で源太の方法を取り入れないところはまれであり、なお広く伝わるようにと願って『日本製紙論』という本を作り、あらゆる抄紙の心得を書き、広く人々に示そうとしたのである、と、この本の出版理由を示している。

このあとも細川とは手紙のやり取りなどの交流が続き、明治三十九（一九〇六）年一月に細川は、自著『吾園随筆』という本を源太に贈った。

高位高官にある土方久元、細川潤次郎に最初の仲介のきっかけを頼んだのは、前高知県知事の石田英吉であった。石田は明治二十五（一八九二）年十一月から明治三十（一八九七）年四月の間、高知県知事を務め、この頃に源太は紙業振興を通じて深く交流していた。安芸郡安田村の郷士の出であり、儒学者高松順蔵、後に緒方洪庵から学んだ。天誅組や高杉晋作の騎兵隊にも関わったあと、坂本龍馬の亀山社中や海援隊で重要な役割を果たし、維新後は貴族院議員、男爵となった人である。石田が明治三十四（一九〇一）年に京都で亡くなった時には源太にも知らせが届き、源太は子息あてに、丁寧なお悔やみと手向けの句を送っている。

最初に土方らへの仲介を頼んだ時の手紙が明治三十年十二月五日の日記にある。

「拝啓　本月三日付の貴翰投与下さり千万有難く、拝見いたしました。御不勝の御ことにつき、須磨の浦に於て御養生の御趣、承知いたしました。さぞさぞ御難義の程お察し申し上げます。何と言いましても御快方との御こと、千亀万鶴に存じあげます。時候は寒冷の時、御養生全一に願い上げます。かねてお伝えしていたように、御両貴家（土方・細川）に立ち入る何の道橋もございませんので、朝夕大君の御上京をお待ち申すのみでございます。なおこの上ながら御全快の上の御上京を願っております。その節は万端依頼申し上げたく存じます。この段お願いいたします」

石田はこの時、体調を崩して須磨で療養中であったため、全快のうえ上京して口利きをして欲しいと頼んでいる。この仲介の甲斐があって土方の題字、細川の序文について承諾が得られた。この頃の様子が日記に残っている。

明治三十年十二月十九日に「午前十時、石田の使いが参り、それより石田に行く。細川氏に面会は五時の約定になる。午後五時、細川君に面会致す。段々の古い談話になり、事業拡張の事段々面白い事承り。それより帰り石田君にまたまた面会致す」となっている。細川は源太の願いを快く聞き入れ、また面会の際には昔のことや産業振興などについて話が弾んだようである。

『日本製紙論』で説明される内容

源太が仕事の集大成として出した『日本製紙論』とはどのような本なのかを見ておきたい。土方の題字や細川の序文など、ご挨拶のページが続いた後、本文は「総論」から始まり、ここでは世界や土佐の紙の歴史、明治の紙製造業の状況などが約九ページにわたって述べられている。この中で紹介される御用紙漉については、先に述べた。

「総論」では「藩政時代の制度」について総括されており、各藩が個々独立の状態で、他国（藩）との交通を遮断し、農工商の人民はその職を世襲して狭い範囲に押し込められたという歴史的状況のために、製紙術も一地方に発達したものが全国に普及することはなかったと説明される。

その後に起こる幕末の混乱と維新の改革によって起こった変化については、全国を挙げて自由交通の世界となり、厳格な決まりがなくなって農工商の実業者は天地が開けたという一般的な状況が説明される。紙については需要が増加し、大いに改良が促進されて、前後して日本の紙が海外に知られることとなり、横浜から続々と輸出される情勢となった。

源太は、海外からの需要が増加する理由は、日本の紙が強靭、滑らか、緻密、保存性があるという、世界に冠する特徴を持つからであり、この紙は、大工場で抄かれる西洋紙ではなく、手漉きの製紙者による製品であると強調する。だから、製紙業者は大いに世界の市場で競争する覚悟を持つべきだと呼びかけている。そのためには、外国人の求めている紙の特徴を察して製法を改良し、また製造費を安くして価格も抑え、さらに、質を一定にして海外からの需要を満たすようにしなくてはならない、としている。

しかし、日本の和紙製造業者は小規模であるか、農閑期に副業として紙を漉く場合が多いので、製品が一定し難く、また大量製造が困難だという問題が出てくる。このためには、小さな争いをやめ、協力することが必要で、団体を作ることも大切だと説いている。皆が協力して、貿易に向けて優良品を安定して製造できるようにしなければならないと主張しており、源太の海外戦略のビジョンがよく示されているのである。これは、日本和紙業のプロデューサーの視点と言えないだろうか。

「総論」で全国各府県の紙生産額の一覧表が続いた後、紙の製造に関する色々なことがらが説明されていく各論になる。

まずは紙の原料について。原料になる草木の良いものを見分ける方法、そこから繊維を取り出すために、煮たり漂白したりする方法が説明される。次に、実際の紙漉き作業の工程、それに使われる各種の用具、分散剤などの混ぜ物の説明が続く。説明文には、ところどころに、作業の様子を絵にしたものが一〜二ページを使って入っているので、文章だけでは分かりにくい作業や器具の様子がよくわかる。当時、和紙を漉いていた人、これから漉こうとする人にとって、大変参考になったと思われる。以上のような説明がおよそ六十ページにわたって続く。

このあとは、当時の代表的な三十七種類の紙が取り上げられ、伝統的なものや、新しいものなど、それぞれの歴史や作り方、用途が簡潔に述べられる。このうち新しい紙といえるものは十数種で、いずれも源太が開発に多少なりとも関わっている。これらの説明におよそ二十五ページが使われている。

最後は、原料や混ぜ物に使われる草木の説明が約三十ページにわたる。付録として、葉や枝、花など各種の絵が三十六枚つけられ、全体で百四十ページほどになる。

初版本の一冊は、いの町紙の博物館に展示されているが、実際に読むにはその後出された復刻本を使うことになる。それほど厚くはないが、実際的な価値のある、内容の充実した本だといえる。

幻となった続編

明治以前は楮で漉いた紙が一般的であり、それら伝統的な紙の製造の方法をまとめた本は存在した。しかし明治になると、新しく西洋からもたらされた薬品によって、紙の原料になる植物が増えた。中でも、それまで質の良くない紙しか作れなかった三椏で上質な紙が漉けるようになったことは、大きな出来事だった。やがて三椏を用いて紙幣用紙が製造されることになるが、三椏は一般の和紙の種類も広げるなど、大きな影響をもたらした。新しい薬品や原料によって新しい紙が開発されていく動きには、源太の働きが大きく、それらの紙の特徴や製造方法を説明し、初めて全国出版されたものが『日本製紙論』だったのである。日記によると、明治三十一(一八九八)年に二千部が出版され、二年以内に売り切れたようである。

源太は明治三十三(一九〇〇)年五月、印刷発行元の東京・有隣堂へ在庫の様子や再版の予定を問い合わせる手紙を出したらしく、次のような下書きが残っている。

「このところ各地よりたくさんのご注文があります。昨年までは東北地方からお尋ねがあり、また昨年十一月からは九州地方からもお尋ねがありますが、今、土佐においては全く売り切れ、一部もない状況です。また再版はできないのかとお尋ねをいただくところもあります。貴店にありますす品の様子はいかがでしょうか。再版のご予定をお考えになってはいかがですか」

明治以後で、手漉き和紙製造業者の軒数がピークになるのが明治三十四(一九〇一)年だ。源太としても多くの人に活用して欲しいと思ったことだろう。しかし、有隣堂からの再版はなかった。以後の日記に再版のことは記されていない。

その代わりということか、続編となる『日本続製紙論』を出版しようという心づもりがあったようだ。このことが明治三十八（一九〇五）年の日記からわかる。協力者として、土佐紙合資会社の人と思われる森岡瀧馬という人を定め、依頼もすんでいたらしい。内容構成もだいたい決まっていた。『日本製紙論』の抜粋を中心として、大蔵省印刷局の技師だった人の原稿などを載せる予定だったようだ。

この時の題辞は谷干城に依頼しようと考え、面会もしていた。谷干城は幕末の志士で、後に陸軍中将となり、明治十一（一八七八）年に「得月楼」の命名をした人である。軍務を解かれてからも要職を歴任、最後は貴族院議員となった。明治三十八年とは、源太が亡くなる三年半ほど前にあたる。この頃から源太は目を患うなど病気がちになり、このためにこの計画が実現しなかったのではないかと思われる。

『日本製紙論』はその後、昭和五十一（一九七六）年に五百部限定で復刻された（㈱アローアートワークス発行）。

第7章

受賞と内国勧業博覧会出張

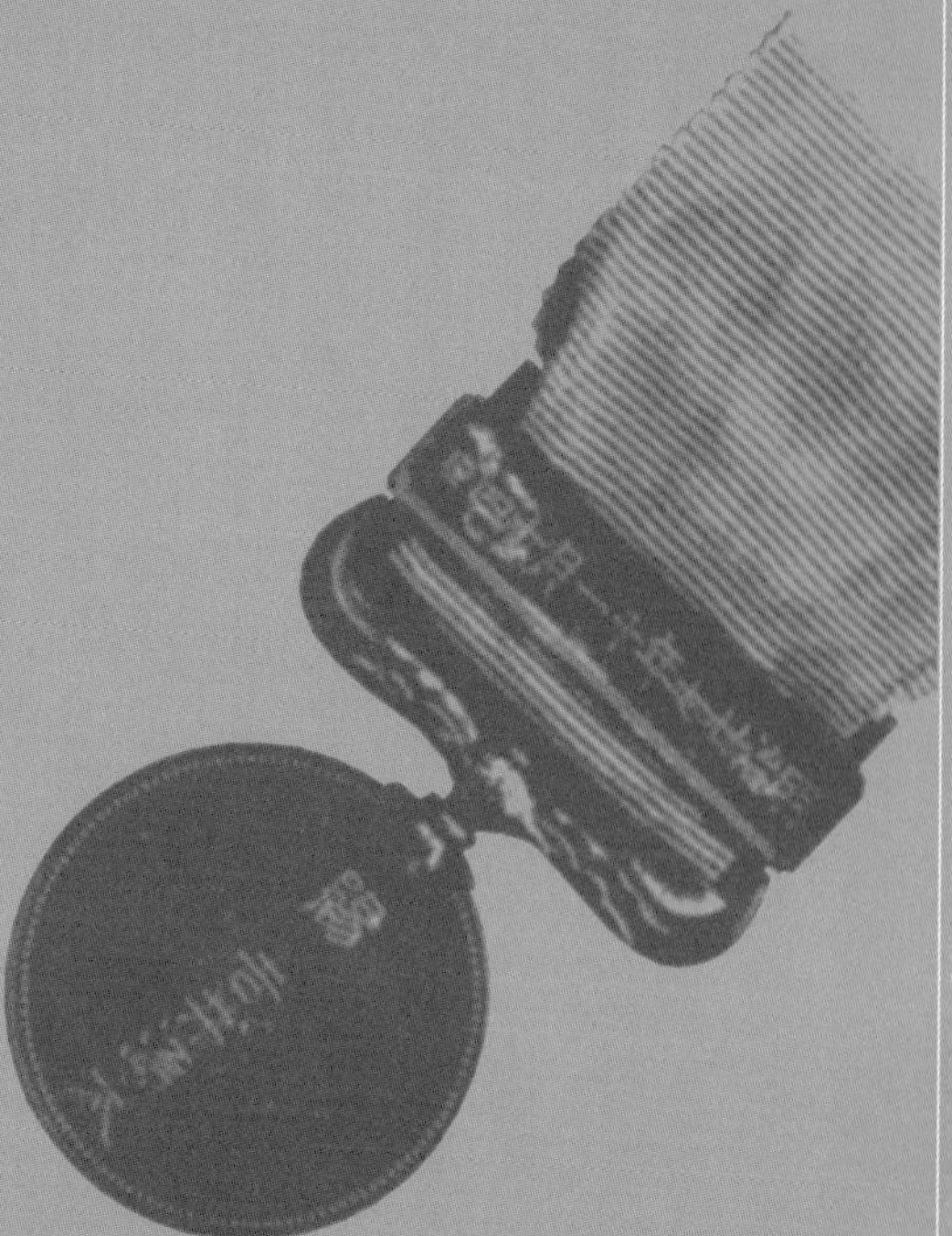

吉井源太が明治27年に受けた緑綬褒章(メダル)。長年にわたり社会に奉仕する活動が評価されて授与される。肖像写真撮影の際にはこの褒賞を身につけた。

吉井源太には正しいことを正しいと思う信念の強さ、紙業仲間の存続や発展を願うという心があった。背景には、御用紙漉という役目の家を受け継いできた歴史があり、ここから紡ぎ出された活動が評価された。

受賞した二つの褒賞

吉井源太が受けた褒賞について見ておきたい。源太の活動が評価されて授与された賞が二つある。

明治二十三（一八九〇）年、第三回内国勧業博覧会が東京上野で開催された時に、天皇の御前で名誉賞を受け、金牌を賜った。次のような理由だった。

「万延元年に初めて大型簀桁を作り、その後、便利で良質な紙を製造した。ことに圧写用紙は他の国に比類を見ない。高知県はこれにより産出額が増大し、他の地方にも伝えて盛んになった。功績は国内に広まり、名声は海外にも及んだ」

授与の式は七月十一日に挙行された。午前七時に会場へ入って待機。十時から御前において、金牌の賞からだんだんと下の賞へ渡されていくという次第だったらしい。この時、名誉金牌を受けたのは合計七人だった。

明治二十七（一八九四）年には、緑綬褒章を受けた。緑綬褒章というのは、社会に奉仕する活動に従事した人に対して功績が認められるもので、明治十四（一八八一）年の褒章条例により制定され、他に紅綬、藍綬の褒章があった。明治三十五（一九〇二）年発行の内務大臣官房編纂『明治國民亀鑑』にも収載されている。源太への授賞理由は次のようなことだった。

「父祖の遺業を継いで製紙の改良に励み、このために家を傾けてもあきらめなかったこと、大型簀桁を発明して同業者に伝えたこと、県内に三椏の播殖を図るとともに地方に及ぼしたこと、白土を米糊に代えて節約を行ったこと、新しい紙を二十八種考案したこと、品質改良などの方法を三府二十五県に伝えたこと」

十一月二十七日午前八時に県庁に行き、褒章を賜った。このあと、棒堤《ぼうづつみ》において懇親会があった。県からのお祝いの会だったようだ。知事をはじめ、官員が集まり、雨に濡れながら大酒をしたと書かれている。この棒堤というのは、鏡川が浦戸湾へそそぐ河口にある。

その少しあと、十二月十一日には穏やかな風が吹く中、今度は吾川郡の祝賀会が川原で催されたようで、これは仁淀川だっただろう。当時はよく川原で催しがあったらしい。ここで軍人を見送るという時もあった。北村唯吉《ただよし》著『紙の町・伊野に七色紙誕生の謎を追う』（南の風社　一九九八年）の中には仁淀川がより身近であったことが書かれている。

源太は自らの仕事そのものに自信と誇りをもっており、その功績に対して紙つくりに欠かせない水をもたらす仁淀川で多くの人に祝福されたというのは、とても似つかわしいことであったという気がする。

内国勧業博覧会の旅

・明治二十三年東京上野

明治二十三（一八九〇）年に第三回内国勧業博覧会が東京上野で開催され、この時、源太は名誉賞を授与されることになるのだが、日記には、この前後に尋ねた場所、出会った人、そして色々な用事などが、細かく記されている。

六月四日に船で出発して神戸に着き、翌日大阪から汽車で京都へ出て用事を済ませる。その後、伊勢神宮参拝に向かう。朝熊《あさま》山にも登る。ここは伊勢に参った時に行かなければ、片参りだと言われる山である。道中、雁皮やノリウツギがたくさんあることも見た。このあとは船で豊橋に出て、ここから汽車に乗り、東京に向かう。

東京ではさっそく博覧会場を見物し、その合間に大蔵省印刷局長や抄紙部長、そして抄紙部の官員たちに会う。印刷局には、抄紙の他に刷版、製肉（印肉）、彫刻、押印といった紙幣製造にかかわる諸部門があり、それらの各工場を見学させてもらったりもした。紙幣を作るという役目上、大変厳格に秘密保持が要求されるところで、工場には大臣でさえ入れてもらえなかったという。源太への信頼度の高さがうかがえる。その後も何度か抄紙部に行って色々な人と話をし、最後は、楮の押し葉十一種を製作して送ることを引き受けた。これは源太が高知県へ帰ってから、ほどなく抄紙部へ送られた。

この合間に「西野文太郎墓を見る」という記述がある。これは、初代文部大臣であった森有礼《ありのり》を刺殺、その場で斬り殺された元長州藩士の墓だ。事件はこの前年、明治二十二（一八八九）年二月十一日のことで、森が明治帝国憲法発布式に参列するために官邸を出ようとしていたところを狙われた。啓蒙思想を進めようとしていた森に反感を感じての犯行だったらしい。源太にとっては、つい最近のできごとであり、事件についても色々と耳にしていたことだろう。この時、源太がどのように思ったのか、日記からはわからないが、名所とはいえないところをわざわざ訪れたということは、関心があったのだと思われる。

このような日々を約一か月過ごしながら名誉賞の授賞式に臨み、それが済むと汽車で静岡県へ向かった。ここは、甥の吉井寅之助が、二年前から製紙教師として働いていた場所だ。浜松から北へ二十㎞ほどのところにある阿多古という村は天竜川の支流である阿多古川沿いにあり、阿多古和紙が産出される。ここと、阿多古川が天竜川と合うところにある二俣で製紙場を巡回し、寅之助はじめ多くの製紙関係者と交流した。このあと浜松から汽車で神戸へ、そして、船で高知県に帰った。

日記にはこの旅での出費の記録も書き留められている。馬車や人力車という交通費の記録が多いが、身近な飲食品代について、少し書き出してみよう。主に汽車での移動中の買物のようだ。

瓜　六銭三厘　　昼飯　六銭　　茶代　四銭　　ラムネ　三銭　　弁当　十八銭

明治二十八年京都岡崎

源太は明治二十八（一八九五）年、京都の岡崎で開催される第四回内国勧業博覧会の審査官に任命された。第一回から第三回までの内国勧業博覧会はすべて東京上野で開かれていたが、第四回は、平安遷都千百年の紀年祭が行われるのに合わせて、京都で開かれた。源太はこれまでの内国勧業博覧会すべてで出品したが、今回はさらに、初めての内国勧業博覧会審査官着任となった。

源太は紙と紙加工品、紙原料の審査に関わった。その出品数は、紙については二千五百点、原料は楮・雁皮・三椏で五百七十九点あった。出張は、会議や、時間がかかる審査があったため、三月三十日から七月六日までの長期となった。

会期中には、この前年に設立されたばかりの五二《ごに》会の大会もあった。五二会とは、日本での重要輸出工芸品の振興を図ることを目的とした活動をおこなう会で、この名前の由来は、当初の対象工芸品―織物、陶器、銅器、漆器、製紙―の五品に、追加の二品―彫刻、敷物―が加わったことによる。紙も対象品に含まれるため、源太はこの会の設立者である前田正名《まさな》と話し合いや飲食の交流などもおこなった。前田は官を辞して、地方での殖産興業に力を尽くした人であり、『日本製紙論』へ序文も書いた。

京都への出張期間中には、会場を訪れた高知県知事や大蔵省印刷局抄紙部の技師などとの面談や酒宴などもあった。一方で他県の紙製造業者が訪ねてきたり、珍しい土産物をもらったり、京都の名所見物なども楽しんでいる。これらの様子を少し、紹介してみたい。

三月三十一日の午後に神戸へ着船、京都まで汽車で移動する。四月一日午前九時に博覧会の発会式があり、首尾よくいった。しかし源太は二日後に風邪をひき、灸をする。それから十三日までの間、現地の医師に診察を受けた。その間に見舞い品として鯛切身、「米国摸造の菓子」などが届いた。

十四日に、岐阜県で製紙の指導者として働いていた甥の吉井寅之助が来て、十七日には、宿泊先を会場近くの寺から個人経営の宿へと、共に移ったようだ。他地方で活躍している懐かしい甥との再会で、色々な話をしたことが想像される。寅之助から聞いた名産の話として、「雪の中から発芽し二尺（約六十cm）のびる独活《うど》」のこと、「藤吉郎という三つ葉に似た草」のことが書かれている。十八日には大阪朝日新聞号外で、終結した日清戦争の講和条件（日清講和条約、十七日に調印）の要領を見たようで、「万歳」という文字が書き留められている。二十日には、やっと風邪の薬をやめることになった。二十三日には独りで近くの南禅寺に行った。

四月二十五日に審査に向けての仕事が始まったようだ。清々館という、会場にほど近い場所で審査官会議があるため八時に集合、それから会場に行ったとある。翌二十六日には「本願寺に」と書かれているが、これは東本願寺において、禁門の変で焼失した本堂などが再建され、儀式も行われたということなので（國雄行『博覧会と明治の日本』吉川弘文館、二〇一〇年）、それへの参加もしくは見学ではなかっただろうか。

四月二十八日、出品された楮皮の審査を始めた。このあと、「築山氏、田川郡長が来る」。築山氏というのは当時、印刷局の技師であった築山鏘太郎のことで、工業の近代化を進めるための人材を育成した工部大学校の化学科を二期生として卒業した人であった。源太と紙について話し合う関係であり、紙類の審査主任だった。田川郡長というのは、田川基明。高知県で吾川郡長と高岡郡長を務めた人である。これらの人と話し合った内容は、「占領の地へ日本紙の販路開き、公使領事館においても需要（が）広いこと。占領地へ紙原料の有無を探査の事」と日記にある。時代の状況がうかがえる。

五月二日は午前六時に出勤して午後五時まで審査の仕事をし、終了後に田川郡長と万花楼で夕食。岐阜県坂本村から「蒔田氏の長男」という人が、土産物として椎茸、独活、藤吉郎をもって訪ねてきた。「蒔田氏」は、吉井寅之助の指導を受けている人と思われる。寅之助からも聞いていた「藤吉郎」というのは、モミジガサという山菜のことで、「木の下」の日陰になったところに生えることからこのように呼ばれると教えられたようだ。五日にも田川郡長同伴で書記官に面会し、その後審査会場に行き審査、夕方五時には各氏とともに大酒となった。

六日午後八時から「清々館にて松方大臣の演説」とある。松方正義は第一次松方内閣での総理大臣兼大蔵大臣を明治二十五（一八九二）年に辞任、明治二十九（一八九六）年に第二次松方内閣が組閣されるので、その間の時期ということになる。翌七日には「国乗瀧五郎来る」とある。この人は高知県の出身で、山梨県や栃木県、静岡県で製紙に関わっていた。「残る吉井源太の足跡」の項で、岩手県・成島和紙産地でのエピソードを紹介した。

八日には五二会の製紙会があった。清々館に「築山、陽、武井、太田と五人」で行き、前田正名の話を聞いたようである。陽という人は、陽基二《ようそのじ》のことで、王子製紙につながる印刷会社・製紙分社の支配人なども務めた印刷技術者。源太とは手紙のやり取りをし、東京で会って話をするなどの交流があった。武井というのは岐阜県美濃和紙産地の実業家・武井助右衛門で、紙のやり取りなど交流をしていた人、太田というのは、国乗瀧五郎と事業もおこなっていた静岡県の太田源左衛門。これらの人も紙の審査に関わっていた。

この一週間ほど後の五月十五日に「紙審査済む」としている。審査にはかなりの日数が必要であったことがわかる。またこの日は京都の下鴨神社・上賀茂神社の葵祭の日であり、「築山の案内で行く」とある。二十三日に審査報告。翌二十四日に天皇、二十六日に皇后の御幸があった。皇后入場について、「拝謁あり、場において御礼有り。実に感服の至り」という感想を書いている。

二十七日には「原料審査。大議論あり」ということで、何か問題が起こったらしい。紙原料の審査が続いたようだ。六月に入って十四日には修学院離宮、桂離宮を拝見したとある。この間にも原料審査の仕事は続いており、十九日に清々館において紙業の講話をしたようだ。二十日には審査の日程が段々せわしくなる中、清々館に行き、紙業の協議などをした。いよいよ二十二日の十二時に審査終了。その後であろう、金閣寺、妙心寺、御室、嵯峨釈迦堂、嵐山に行ったとある。翌二十三日には会場に行き、器具の図を模写。その後清水寺に行っている。これらすべてが済み、七月六日午前八時に伊野に帰着した。

長い期間を要したが、充実した出張だったと想像される。

第8章 色々な交流

吉井源太が描いた富岳の絵と山内容堂の賛（模写）。賛は、手元を見るためにうつむき、山を見るために仰ぐという紙つくりの作業の苦労を表現している。源太は富岳の絵に容堂の賛をいただいたことを生涯誇りに思っていた。

吉井源太は同時代の多彩な人々と心のこもった交流をした。これは、人に対する源太の丁寧で親切な態度がもたらしたものと思われ、交流は百年を過ぎてもなお現代日本の中に生きている。

中浜万次郎・中浜留

吉井源太とジョン万次郎（中浜万次郎）との意外な交流がある。中浜留という少女が十五歳から十九歳までの間、源太の製紙場で手伝いをしていたのである。この留女《じょ》（「留さん」ということ）は万次郎の姪にあたるようである。なお、万次郎は源太の一年後に生まれ、源太より十年前に亡くなった、同時代人であった。

万次郎へあてた源太の手紙の下書きが日記に残っている。明治三十（一八九七）年十一月のことである。源太は、『日本製紙論』出版に向けて各方面との折衝のために上京していた。

「拝啓　時下寒気の候　益々御清福お慶び申し上げます。

然《しか》るに中浜留女より私の上京に同伴致したいとの依頼に預り、ともに上京いたしました。この留女は十五歳の時より十九歳に至るまで弊家に参り、製紙の手伝いを致してくれた者でございます。今般上京の目的は伯父老君に久しく御逢せず、一度御挨拶に何卒東京に連れて行ってもらいたいと申し出られ、このように同伴致しました。お願いの筋も有りますが、自身より御相談出来難いものと存じ、愚老（源太のこと）が御挨拶に罷り出るところでございますが、明日の日曜日、御休暇の日に御目通り致したく、この段お願いいたします。

右御返事を願い上げます。

万一私が御目通り叶いません時は留女を参楼致す様に取り計らい申しましたので、直接お話しになりますように。田舎者が道々旅費を才覚しての上京のところで、この節は宿料も底をつきました。一日も早く帰高（高知へ帰ること）致したくございますので、何卒色々御願い申し上げます

中浜万次郎様

中浜東一郎様」

源太が上京するのに同行し、老伯父に久しぶりの挨拶をしたり、何か願い事を聞いてもらいたかったようである。若い女性の上京、中央で活躍している伯父との面会、ましてや何か依頼事をするということは非常に気遅れしたことだろう。源太もそれを汲み取って、東京まで連れてきただけではなく、万次郎と子息あてに手紙を出し、面会を仲介している。

次は、面会時の様子を源太が自分の留主宅へ知らせている手紙である。留女の中浜家訪問はうまく行き、無事に帰りの手はずも整う予定であることがわかる。

「前略　私は二十一日少々風邪であったので苅谷兼治氏の診察に預り、全快致しました。病気であったためにかねて希望のこと（出版社との交渉）に手を出さずにおりましたが、

明日より手はずにかかりますので、ご安心あれ。留女は中浜に参りましたところ、万次郎氏はおおいにかわいがり、各名所、展覧所を連れ廻られ、至極愉快の様子でした。留女は近々、十日間のうちには帰り仕度を致す事になりました。

さて、カマキリを送ってください。遠火で焼き、ブリキのカンに入れて少々でも寄こしてください。

お隣へは書札を出さないので御伝言を宜敷お願いします。

十一月二十六日」

留主へ

文中の「カマキリ」というのは、アユカケと呼ばれる魚のことで、後にこれを東京の製紙分社という印刷会社にいた陽其二に見せ、酒席での余興に使ったようである。親戚筋にあたる「お隣」への伝言も頼むと申し添えてあり、濃やかな心遣いが感じられる。

中浜（ジョン）万次郎は、一八四一年に漁船で出港したのち漂流、無人島へ漂着したところをアメリカ合衆国の船によって救助され、一八五一年にアメリカから琉球経由で土佐へ帰った人である。高知城下では藩命によって吉田東洋らの取り調べを受けた。また絵師の河田小龍が、その時に聞いた内容をまとめて嘉永六（一八五三）年に藩主へ献上したのが、「漂巽紀略《ひょうそんきりゃく》」である。この年、ペリー率いる黒船が浦賀に来航しており、この記録は貴重なものとなる。

また、小龍と万次郎は、この調べがきっかけで、土佐藩に登用された。万次郎はその後幕府に招聘されて翻訳や通訳にたずさわり、万延元（一八六〇）年には咸臨丸に乗り込む。明治維新後、万次郎は病気がちとなり、教育を行いつつ静かに暮らしたということだ。小龍は明治九（一八七六）年に高知県勧業課に出仕し、源太も出品した明治十年内国勧業博覧会の高知での事務係も務めた。また明治二十（一八八七）年には、「製紙場晴色」という題で、伊野の丸一工場を近代南画のごとく描いている（「河田小龍―幕末土佐のハイカラ画人―」高知県立美術館発行　二〇〇三年）。

佐伯勝太郎

佐伯勝太郎は山口県出身で、明治後期に大蔵省印刷局抄紙部長となった人である。源太の時代に高知県を合計三度訪問し、源太との交流も深かった。明治二十八（一八九五）年に東京帝国大学応用化学科卒業後、印刷局抄紙部に入り、明治三十一（一八九八）年より大正十三（一九二四）年までの比較的長い間、抄紙部長を務めた。

その生涯の業績を紹介する大蔵省印刷局刊行の『佐伯勝太郎伝記 并《ならびに》 論文集』（昭和二十七年）という書籍があり、この中で手漉和紙の製紙家には「専心力を上等紙の一方に注がしむる」べきであるとする考えを示していた（「本邦紙業管見」明治三十七年）。また講演の中では、「今日に於いてはかかる不完全なる少数の万能的紙類を以て足れりとすべきに非ず」として、和紙製造の業界は、機能分化に対応した上等紙をより効率的に製造して行くべきであるという主張をしている（佐伯勝太郎『紙業講話筆記』土佐紙業組合筆記　明治三十七年　高知県いの町紙の博物館所蔵）。

しかし佐伯は、大蔵省の若い職員に対して、古い和紙について教えることもあった。また、明治神宮外苑に建てられた、聖徳記念絵画館への展示画の用紙を漉くことが決まった、高知県の職人・中田鹿次に対しては、耐久不変の画材用紙は、木灰煮、手打ち叩解、天日乾燥という「平安時代の紙屋院」と同様の古法でなければならないと教えていたという一面もある。（財団法人ポーラ美術振興財団助成事業「文化財修復用紙としての土佐典具帖紙等の特性調査研究」『和紙の研究　―歴史・製法・用具・文化財修復―』平成十五年）

源太は、この両方の面で佐伯と話ができたのだと思う。また、紙業の上での各種のやり取りの他に、文化的な交流もしていた。日記の中で、佐伯の登場する場面には次のようなものがある。

明治三十五（一九〇二）年二月八日に「東京より農商務省、印刷局の各員来訪の話しあり。焦色紙の製造の都合あり」として、「印刷局技師抄紙部長　佐伯勝太郎」以下、農商務省の技手などが記されている。しかしこの時に、源太の体調は万全ではなかったらしく、同月の二十三日に次のような手紙を送った。

「拝啓　時下余寒去らずの候　益々御清福お慶び申し上げます。

過日遠路の地方へ御巡回下さり、有難く存じます。その節不勝（体調不良）で御厚談拝聴（お話を十分お聞き）致さず、実に残念の至でございます。私この節はずっと快方になりましたので、御安心下さりたく。この上は好折を得て拝顔を得ます。

先は御礼を兼ね、一通このように」

翌三十六年の六月には「博覧会第五部審査官　佐伯勝太郎に画を送る」とあり、俳句も書き入れた山水画を佐伯に送ったことがわかる。このあと六月二十三日に源太の明治三十六年の履歴書が県庁を通して送られ、また、佐伯から絵のお礼品と思われる「燗筒二本上等品」が小包で到着したようだ。これに対して、次のような礼状の下書きがある。

「時下梅雨の節　益々御清福お慶び申し上げます。貴翰（お手紙）小包同日に着致し拝見しました。誠に貴品御送付下さり、有難く拝納致しました。何よりも日々の需用品として、御蔭で寿命の助けとなりました。この段有難く御礼申し上げます」

この年の九月十七日には「佐伯勝太郎来県で船まで迎に行く。延命軒で面会する」とあるので、佐伯があまり時期をおかずに高知訪問をしていることがわかる。十九日には典具帖紙の製造が盛んであった「神《こう》の谷《たに》に行く。佐伯を同伴する。学校で酒宴あり。夜に入り船で伊野に帰る」と書かれている。

さらにその翌年四月には製紙業に熱心に取り組む二十四歳の若者を抄紙部で雇ってもらえ

ないか、という掛け合いを佐伯に対しておこなっている。丁寧な依頼の手紙を送った。

「この者は日本紙製造のことは何紙にも十分達し富んだ者でございます。各地方巡回教師に聘雇されたのは　宮城県、静岡県、山梨県、京都府、愛媛県。幼年宮崎県におりました者でございますので、甚だ御手数恐入至極でございますが、御用間で御詮義願い上げたく」

として、若者の略歴を述べたうえ、ご用の合間に雇い入れのことをご検討くださいと願った。

ただ、この依頼は提出の道筋が違うと指摘されたようで、五月五日に、土佐紙業組合あてに次のような依頼をした。「佐伯君に御願い申し上げましたところ、御返報に曰く、その件は土佐紙業組合へ掛合い致す様とのお答が有りました」。土佐紙業組合を経由して依頼せよということだった。源太は、抄紙部へ提出するための書類のことなどを頼む手紙を紙業組合へ送った。

佐伯はこの年の十一月にまた高知県を訪問し、高岡のほうへ行ったようだ。この時も源太は同行しようと思っていたが、「大力製紙場でビイルを呑みとどまる」とある。歓迎の宴があったのかどうかはわからないが、同行しなかったらしい。

この少し前、十月には佐伯から雁皮、三椏などの苗を送って欲しいという依頼も受けていた。佐伯も、紙業の実務家として源太を頼りにしていたようである。

西本守太郎・松永雄樹

明治三十四（一九〇一）年五月六日の日記に、妹の孫にあたる西本守太郎という青年のために職の斡旋を願う手紙の下書きが残っている。

「私妹吉井八重女なる者の長孫、西本守太郎義、原籍土佐郡朝倉村の産の者でございます。不幸にして父に死放れ、母の養育により旭村枇杷田に住居致しおります者でございます。

学校に志あり、法律学校卒業致しました者でございますが、本年二十七歳になり、明治三十一年高知県で八等警部に奉職致しておりました。御規則上を守り明治三十二年朝倉村四十四連隊に入営致し、首尾能くつとめ遂げておりました。

高知県庁で復役の話も有りましたが、自身の望みにより東京で何省なりとも奉職の希望が有りますので、海陸軍その他司法省で試検受けたい希望でございますが、何のよるべ無く、聞けば大君の御尽力御引立お願いいたしたい希望でございますと、私にまで頼み出ました。

卒業証書持参しましたので、別紙卒業書写御覧上くださりたく。その上何省なりとも御周旋の程お願いいたします。

この段御依頼申し上げます。

恐々　謹言　百拝

松永雄樹様」

松永雄樹《まつながゆうじゅ》（嘉永二（一八四九）年―大正十五（一九二六）年）は、海軍中将まで務めた高知県出身の軍人であるが、源太が連絡を取ることができる間柄だったようだ。妹の孫にあたる西本守太郎が、京都に設立された学校で法律や経済を学び、兵役なども務めた後、政府の機関で働きたいという希望を持っており、源太は大おじとして口利きをしてあげようとした。この依頼によって、守太郎が職に就いたのかどうかはわからない。間もなく日露戦争が始まり、出征することになった西本守太郎と源太は交流を深めていくことになる。

明治三十七（一九〇四）年三月二十六日には、朝倉の兵営にいた守太郎に、樹木を献納したいので取り次いで欲しいという連絡をしている。「献納苗木　梧桐大小十五樹　槐大小十樹　四十四連隊中尉鈴木信四郎殿」あてに寄贈したいと申し出、了承された。

その後、八月二十一日に「西本守太郎、善通寺へ出発致し」とあるので、戦地へ向かうことになったのだろう。八月二十九日に源太は「御留守皆々様御無事に喜悦の至、重畳でございます。この節は御実地に御安着なりましたかな」として、留守宅の母や妻子のことを心配しないようにと書いた。これに続いて、「御精勤国家の御為」忠誠を尽くすと思いますが、「できるだけ早くの御帰国を御願申し上げる」としている。この時の守太郎は「第十一師団歩兵四十四連隊第一中隊、歩兵少尉」という身分だった。

このあと、守太郎は旅順での戦闘に加わることになり、源太と守太郎は俳句などを記して何度か葉書のやり取りをした。しかし、十二月二日の日記には「西本守太郎戦死申し来る」とあり、源太は明治三十七年十二月四日に土陽新聞に報告を載せて欲しいという依頼を送ったようだ。

「私甥西本守太郎でございます。去十一月二十六日戦死致し、この者明治九年の生れ、少尉でございます。出征後該地方より六札の書状参り、段々連句よこしくれた事でございますので、その中に良悪の句がございます。戦死者に対し霊神の慰めいたしたくございますので　この件を土陽新聞の雑報に御出しいただきたく。この段願い上げ。

雁鳴や露営の床に　霜白き
玉きす（傷）に吹雪しみ入る寒さか那」

と、最後に守太郎の句を載せている。

明治三十八（一九〇五）年一月十七日には、土佐藩最後、第十六代藩主の長子である侯爵・山内豊景が西本守太郎に次のように弔意を表している。

「明治三十七年十一月二十六日　旅順西塞攻撃の際、名誉の戦死を遂げられ、陸軍歩兵中尉西本守太郎氏は、我海南学校の出身にして予の特に歎惜する所なり。よってここに祭粢料　金百円を贈呈していささか弔意を表す。」

源太の二月二十五日の日記には、「各戦死者朝倉営所墓地に埋葬。午後一時と決まる。造花類は辞退とあり」とある。「歩兵　中尉正八位勲六等功五級　西本守太郎」として埋葬されたようだ。

八月二十二日には、ちょうど一年前に出兵を見送ったことを追想し「朝倉四十四連隊で六将校出兵の時、西本守太郎を見立（見送り）に行く。その時の日光を思いやり、段々秋の寂を哀しみたる事」としている。守太郎の「たま疵に吹雪しみ入る寒さかな」という句に対して、源太は「百寿の栄も忍耐の冬」とつけ、「この脇で我々力を付けたが今になると哀れなるかなカワイヤ」と、戦地で力にして欲しいとして脇句をつけたが、やはりかわいそうだったと思いやった。

同じ時に「西本守太郎事、思遣りて思い、問うが見へず答へず」また、「いつ会うのかきりもなくて秋の暮　源太拝」と詠んでいる。

源太はこのあとも残された守太郎の母、妻子のことを気遣い、訪ねたり便りを送ったりした。特に、日露戦争が終戦となった時には、帰還兵が到着するようになると思い出すでしょうという気遣いの便りを送っていて、三十九（一九〇六）年一月五日の手紙には次のようにある。

「益々寒冷になりました。

段々出兵も帰国になりましたので、段々思い出す事もございますと存じ、ちよっと参り申す筈でございますが、私この間中脚気にありますので、参る事出来申さず。この段まで御知らせ致します。

頓首百拝

亡西本守太郎氏

母上　同御内儀様」

古稀の記念

明治三十一（一八九八）年の『日本製紙論』発行の際に序文を書いてもらった細川潤次郎には、同年三月に古稀の記念について次のような依頼の手紙を送った。

「追々と春暖の頃になって参りました。ますます御清福お慶び申し上げます。

私は七十三歳になりましたが、貧生のため古稀の祝いも過ぎました。このたび製紙伝習生や子分の者たちから祝ってくれるということになりましたので、細川大君に恐縮ながら御面倒を御願い上げたく存じます。

私が不二（富士山のこと）を画き、その上に御賛を願い上げたく存じます。甚だ恐縮のいたりでございますので、申し上げかねることにございましたが、この段、御依頼申し上げます」

明治二十九（一八九六）年が吉井源太の古稀にあたる年であったが、祝いをしないままに過ぎていた。祝いをしようという声が周囲からあがり、記念の品として、細川に、自分の描いた富岳の絵へ詩や和歌を書いてもらう画賛をいただきたいと願った。自分の富岳の絵にはかつて容堂公から画賛をいただいたといういわれも知らせている。

「もし万一御願いがかないます時は、小包を以て画をさし上ますので、御文章、御詩作、または和歌、発句なりともけっこうでございます。御有無の御返事を頂戴致したく存じます」

という具体的な依頼の内容も含めた手紙を、細川家に仕えていた高田虎武あてに出した。細川は、これに応えて源太の画への賛を引き受けることになった。賛を入れてもらうための画ができた時の手紙の下書きが四月三十日付で日記に残されている。これによると、画とともに焦色薬袋紙を贈ったことがわかる。

その手紙には、薬袋紙は昔山内家より徳川家へ献納した紙で、小幅であったものを改良して三面漉にしたもの。原料は雁皮のみで、それに染料などを混合し、虫害湿気を除防する事は保険付きです、としている。箱の内貼りにすると効果がある、とも書いている。

古稀の祝い品としての画賛は、土方久元にも願い、同じように承諾を得て、富士の画とともに薬袋紙を贈呈していることが日記に残されている。

細川から賛を入れた絵画が戻ってきた五月には、お礼状を送った。八日からの各地巡回指導のあと、自宅へ戻った二十日にその作品を拝見した。「願い上げました御揮毫開封拝見致しましたところ、実に御見事の御染筆下さり誠に有難く存じます。この段御礼万謝いたします」と感謝を表している。

この他、農商務省の山崎喜都真にも「君上でも何卒《なにとぞ》御詩作和歌何なりとも一句御揮毫なりたく。老後の一望でございますので、この段、願い上げます」として古稀の記念となるものを依頼した。この手紙の中には、土方、細川からの画賛について知らせる部分もある。「土方細川の両君より賀章を給りました。土方君は和歌、細川君は石川丈山作によった意でございます」ということで、それぞれの賛の種類がわかる。

源太は、静岡県に滞在していた弟・万根《まんね》にも依頼の手紙を送っている。古稀の祝いは「一生の晴れのことでなるたけの奮発をすることが当前ですがそれも出来ず。絵画発句を集める事にしましたので、貴地でも発句を願い上げます。短冊でも詩でもよろしく。へたでも数が多いほうがよろしい。もし句をいただけるなら、『七十の雅　古稀の雅として　吉井源太へ』と書いてください」とある。身内なので遠慮のない書き方をしているが、なぜ賛や和歌などを色々な人に依頼することになったのか。古稀の祝いを盛大なものにするために数を集めたいという意向だったことがわかる。

現代への交流

・吉井源太没後百十年記念企画展

平成三十（二〇一八）年十月六日～十一月十一日の期間で、高知県吾川郡いの町の紙の博物館が、吉井源太没後百十年記念企画展「紙の交流・源太と日本の和紙産地―明治から始まった絆を、新たに結ぶ―」を開催し、ここに監修として参加させていただいた。この企画のコンセプトは次のようなものであり、これに基づいて内容を構成した。

「明治維新後、殖産興業の波に乗って新しい紙の開発が相次ぐなか、日本各地の産地から、製紙の職人たちが吉井源太や周囲の高い技術を持つ職人のもとへ、製紙技術や製紙道具（改良による量産化）などの新技術を学びに訪れ、また、産地の要請に応じ、製紙技術の指導に出向いている。こうして明治時代に技術指導が行われた紙産地は、最終的に三府二十八県に及んだ。その交流は大変深く、有意義なものが多く、お互いの産地に大きな足跡を残した。」

源太が残した日記の記録などから、高知県との交流が深く、産地に特に大きな影響を与えたとみられる五つの県を選び、新たな交流を呼びかけたのがこの企画展であった。島根県・

鳥取県・新潟県・岐阜県・愛媛県の産地がそれに応え、新たな交流を行うことになった。
展示の内容は、源太から引き続き現代へ交流をつなげたいと考えたこれら五つの県の産地について、源太の時代の交流と現代の産地を紹介したものである。また十月二十日に「紙のまち交流フォーラムINO二〇一八」を開催し、五産地から紙漉職人の方々をお呼びして、各地の状況などをお聞きするパネルディスカッションも行った。お呼びしたのは次の方々だった。

島根県出雲和紙・安部信一郎　愛媛県伊予和紙・脇憲久
鳥取県因州和紙・長谷川憲人　新潟県小国和紙・今井千尋
岐阜県美濃和紙・石原英和　高知県土佐和紙・大勝敬文、田村寛

・五産地とのかかわり

吉井源太没後百十年記念企画展で展示したパネル内容のうち、ここまでに紹介してきた話題に含まれていない部分、およびこの企画展のために各産地を訪問した際に教えていただいた新しい内容などを以下に紹介していきたい。

島根県産地

明治二十八（一八九五）年一月に賀状のやり取り先として以下の名前が挙がっている。

島根県那賀郡浜田産紙会社　岩間友隆
同　美濃郡益田本郷　斉藤藤五郎
同　那賀郡河内村　寺戸佐太治
　　農商課員　藤田幸年
同　（鹿足郡）津和野　牛尾友吉

岩間、牛尾の二人は明治十九（一八八六）年にも「伝習のため来入」として記述されており、長年にわたるつきあいがあったことがわかる。

明治二十九（一八九六）年には「島根県鹿足郡役所　田中知邦殿」あてに、製紙に関する質問への返事を源太が送っているが、教師雇用の費用、各種原料の価格、一日に漉く枚数、各種製品の価格など細かく答えており、熱心な質問があったと思われる。

明治三十五（一九〇二）年の日記には次のような証明書の下書きが載せられている。源太が伝習生に対してこのような修業証明書を発行したらしい例は他に見当たらない。

「　証明書
　斉藤仁三郎　島根県（美濃郡）鎌手村字金山
高知県神の谷村　氏原佐太郎方に入り　数年間修業　典具帖紙　コッピー紙　その他改良紙に通暁し　原料煮晒方法まで　漉　断　結束　精錬　要点氏原佐太郎の申告に依り証明いたします

明治三十五年四月　　吉井源太」

ここまでに出た郡、村はすべて島根県西部・石見地方である。県東部の出雲地方では、源太の二十四歳年下で、親しい仲間であり、独自の活動をおこなった新谷《にいや》出来太郎が、八東郡岩坂村にできた紙業伝習所に教師として招聘されて指導を行った。

安部榮四郎記念館による『手すき製紙の歴史』には、新谷出来太郎の来訪指導のことが簡潔にまとめられている。それによると、出雲国へ明治二十九、三十四、四十年の三回にわたって赴き、土佐流の漉き方を伝授した。その技は名人のものであり、比類のないものであった。明治四十（一九〇七）年の伝習期間中に風邪から来る腹膜炎のために五十七歳で急逝し、その功績を記念するために多数の門人により石碑が建立されたとされている。この石碑はそのあとも守り続けられている。

新谷出来太郎が迎えられた八東郡岩坂村には、大正期に出雲国製紙伝習所が開かれ、後に出雲民芸紙を創製する安部榮四郎氏が研鑽を積んだ。この時の教師は、土佐で技術を学んだ足立三郎という人で、安部氏も著書の中で自身の「漉き方は土佐流」であると書いている（安部栄四郎『紙漉五十年』東峰出版　一九六三年）。

愛媛県産地

明治二十九（一八九六）年五月から二か月半をかけて、源太自身が愛媛県内産地を巡回指導したことを紹介した。この県は現在、手漉き和紙、手漉きから発展した機械抄き和紙において発展している。

鳥取県産地

明治二十（一八八七）年三月から二か月余りかけた、源太自身による県内各和紙産地の伝習指導について紹介した。この時の講話内容が、因州佐治和紙協同組合によって「吉井源太講和筆記」という冊子に残されており、手漉き和紙職人に今も受け継がれている。

新潟県産地

殖産興業の志篤かった山口権三郎が小国和紙の振興に力を注ぎ、吉井源太と交流を行ったことを紹介した。山口は製紙の先進地域を視察し、最も進歩していると考えた高知県から教師を呼ぶこととしたという。道具一式として、小半紙用各種桁、美濃紙用各種桁、半切用各種桁と、これらのための簀も二種類ずつ各三枚、刷毛各種などの注文記録が源太の日記に残されており、その合計金額は現代の価値で百二十万円くらいになったと推計される。この道具の一部は現在も現地で大切に保存され、山口育英奨学会の郷土資料館・和紙館に展示されている。

岐阜県産地

この産地では、明治二十六（一八九三）年にシカゴ・コロンブス万国博覧会への出品紙が褒賞を受けるなど、この巡回指導の成果であろう上達が見られ、伝習所の卒業生で製紙の事業を始めた人も出たが、それらは大正時代までであったとされる。

日記の中に沢村千松の名前がある。この人は、源太のもとへ大型簀桁を学びに来た。その後、明治二十三（一八九〇）年に地元で私財を投じて伝習所を創設した功労者である（『美濃市史』）。同二十七（一八九四）年に石川県で開催された府県連合共進会では、岐阜県の資産家であり技術指導者でもあった武井助右衛門が、源太と共に審査員となったことが日記に記されている。二十八（一八九五）年には源太の甥の吉井寅之助が、二十九（一八九六）年には親戚である国乗龍資が岐阜県へ指導に行ったことが記され、源太の身内が指導に赴いた産地であった。

岐阜県の産地はもともと高い技術を保持していたところであるが、明治期を通してさらに技術を高め、高知県と共に海外輸出用の紙を生産していくのである。

企画展のために美濃和紙職人の石原英和氏（昭和十年生まれ）方へうかがった時、典具帖紙をコーヒーフィルターとしてアメリカへ輸出していた時に使ったという、紙を円形に切るための型（木の円盤）など、興味深いものを見せていただいた。この訪問時に最も印象に残ったのは、「コピゆり」という漉き方があったというお話を聞いたことであった。「コッピー紙」を漉く時の漉き方・揺り方を示す言葉が現代にも残っていることに大変感銘を受けた。コッピー紙についてはこのあとに詳しく紹介することにする。

第9章 コッピー紙について

昭和初期のものと伝えられる輸出用のコピーブック。目次ページと、本体であるコッピー紙のページからなっており、文書や手紙の複写が残せるようになっている。(神戸の輸出商から、いの町紙の博物館に寄贈された)

吉井源太の漉いたコッピー紙のルーツは、蒸気機関の発明改良をしたジェームズ・ワットにあった。洋の東西と百年の時を隔て、技術開発に生涯をささげた二人である。日本でコッピー紙は明治期以後に多様な用途を持つことになる。

コッピー紙とは

「コッピー」という呼び方は、明治時代に西洋から入ってきた複写の方法である「Copy」もしくは「Copying」という語の、当時の日本語表記として用いられた言葉であった。コッピーは、現代の私たちがイメージする「コピー」とは全く違う方式のものだ。私たちがイメージするのはほぼ、ゼロックス社が実用化し、一九五九年に発売したコピー機のシステムであるゼログラフィー方式によるものだと思う。ちなみに印刷というのは、文字や図を彫るなどによって版を作り、色を付けて紙や布などに写すものであり、これは古くから行われた。しかし、すでに書かれている文字や図を写しとる複写は、長い間、手で書き写す以外に方法がなかった。その方法は、十八世紀後半になって、イギリスで初めて考案された。

考案したのは、蒸気機関を実用化した発明家として有名な、ジェームズ・ワットである。ワットには、この方法を考えなければならなかった事情があった。それは、蒸気機関の発明に関する書類や機械の販売のために必要な書類が膨大にあり、それらの写し（コピー）をとっておくことが不可欠であったにもかかわらず、当時、それをするためには事務員を雇わなければならないなど、必要な労力が非常に大きかったということである。

ワットの時代にすでに考えられていた、書類の複写を取るための方法は、二つのペンを金属でつなげ、一つ目のペンで書くと同時に二つ目のペンでも同じものが書けるようにするといった器具であった。それを使って書くには、一つのペンで書く時の二倍以上の時間が必要であり、全く実用的ではなかった。このためワットは、複写の方法を長い間考えていた。結果として採用された方法は、原本に書かれたインクを別の複数枚の紙に浸透させることによって複写するというものである。この方法のために、インクを浸透させる際に、重ねた紙へ圧力をかけるためのプレス器具（コピー・プレス）も工夫した。この「複写の方法」と「プレス器具」がセットとなって、一七八〇年にワットに特許が認められた。

オランダの研究者であるルネ・シルス（René Schils）は、ジェームズ・ワットのコピーマシンの発明を高く評価して、二〇一二年に出版した著書の中で、評価の理由を説明している。（*How James Watt Invented the Copier*（ワットはどのようにコピー器を発明したか）、Springer）。ワットの蒸気エンジンの発明というのは、実際は、半世紀前に発明された蒸気エンジンの改良であった。一七一二年にイギリス・デボン州ダートマスのトーマス・ニューコメンによって創作された蒸気機関のエンジンは、大変効率が悪く、ワットはその理由をつきとめて改良し、効率を飛躍的に高めることができるようしたことが蒸気機関での特許につながった。しかし、「コピーイングマシン」に関しては「真の発明者である」としている。

ジェームズ・ワットによるコピープレスの発明

ワットの生涯の六十年以上にわたる出来事を三冊にまとめ、詳しい伝記を書いた、イギリスのリチャード・ヒルズ（Rev.Dr.Richard L.,Hills）も二〇〇五年刊行の第二巻で、「コピーマシンはワットが蒸気機関の他に発明し商業に発展させた数個のものの一つで、そのため、より深く取り扱う価値がある」と書いている（*James Watt Volume 2 The Years of Toil, 1775—1785*, LANDMARK）。これらの書籍およびJ.G.クラウザー著『五人の大発明家―その時代と人間像』（市場泰男訳　社会思想社　一九七二年）より、ワットがコピーの方法を発明するまでの経緯を簡単に振り返ってみたい。

ワットは、一七三六年にスコットランドの中部にあるレンフルーシャー州・グリノックで生まれ、機器工作の基礎的原理を父の製作所で学んだ後、十八歳の時に計測機器の製造技術を学ぶためロンドンに行った。そこで一年間学んだワットは、製造事業を始めるために故郷に近いグラスゴーに転居したが、ギルドへの加入が認められなかったなどの事情があったらしく、グラスゴー大学の教授たちの支援のもと、大学内に工房を開くこととなった。ここでさまざまな機器の修理や製作をするとともに、蒸気の実験もおこなった。ワットは、故障してロンドンへ修理に出されていたニューコメン・エンジンの模型を、この工房で再び動くように修理したことをきっかけに、蒸気機関の研究を本格化し、改良の工夫を重ね、一七六九年に特許を得た。しかしこの頃は、測量師という職業によって生計を立てなければならない状況であった。この中、蒸気機関についての研究、実験を重ねて、一七七四年、三十八歳の時、家族と共に、以後の活動地となるバーミンガムに移った。測量の仕事をやめ、蒸気機関の完成を目指すことにしたのである。一七七五年六月に実業家のマシュー・ボウルトンとの共同事業を開始、蒸気機関の販売や修理など盛んな活動を行っていくことになる。

ワットがコピーマシンを発明するのは、この蒸気機関の開発・販売活動が軌道に乗っていくことで起こる問題によるものだった。ルネ・シルスは次のように書いている。ワットは「マシュー・ボールトンとともに、地方の鉱山へ蒸気エンジンの排水ポンプを供給する会社を持ち、繁盛していた。注文が殺到していたが、彼らの成功の裏側には大量の書類があった。手紙、設計図および勘定書きなど、複写が必要なものとして周囲におかれていた。この頃、書類のコピーは全く簡単なことではなかった。会社は最も重要な書類を一語一語書き写すために事務員を雇っていた」。

このような状況であったために、ワットは、手紙やその他の書類をより速く正確にコピーできる方法を発明しようと試行錯誤する。二本のペンをつなげることによって、一度に二部の書類ができ上がるとされていた器具について、ワットの友人であり、チャールズ・ダーウィンの祖父にあたるエラスマス・ダーウィン博士とともに改良に努力したが、成功せず、この器具のことはあきらめたという。

ワットは色々なアイデアを思いつき、実験をしてみたが、実用化の見込みがあるものとして、原本のインクを別の紙に転写するという方法を思いついた。この方法がどのようにして思いつかれたのかは不明である。そして一七七九年にワットは、その秘密の方法をスコットランドの化学者で、友人であるジョセフ・ブラックに伝えた。「私は最近、書類が二十四時間以内に書かれたものであれば即座にコピーする方法を発見しました（中略）これによって私のすべてのビジネスレターをコピーすることができます」（ルネ・シルス前掲書）。

ワットが一七七九年中に送った手紙などから、ゼラチン質のインクで原本を書き、その原本から、サイズ（滲み止め）をしていない湿った紙の上に押し付けてコピーをとるアイデアを考えたということがわかる。原本は、わずかに湿らされた白紙を重ね、プレス器の間を通ることで圧力をかけられて、コピーがとられる。

白紙が十分に薄い紙であれば、原本に書かれたインクが通り、インクの文字を原本と同じ向きで読むことができる。複写をとるのにふさわしいインクの成分の配合、コピーペーパーの質などについて多くの検証と試行錯誤を行った。

一七七九年当初、ワットは手紙や書類のコピーをとることを考えていたのであるが、多くの機械図面などが必要であった当時、図面が複写できれば大量の需要が見込まれることを理解した。ただし、図面については、コピーペーパーのような薄い紙は不適切であるので、厚く、裏にインクが浸透しない紙へ、原本と向かい合わせの複写がとれるものとなった。このためコピーされた図面は「逆向き」となるので、それを示す印がおされることになった。

インクは十分に濃く、滲まないものでなければならなかったが、同時に、湿ったコピーペーパーと接触する際には、インクの一部が紙を通るために液体にならなければならず、しかもコピー紙に写された後はにじまないことが必要であった。ワットがリストしたインクの成分にはミネラルウオーター、アラビアガム、アレッポ没食子、緑礬（硫酸鉄）が含まれた。最初、これでとられたコピーはやや薄く、知人のアドバイスを受けて進歩させたとされる。一七七九年の後半に、コピー改良のための工夫が続けられ、特許出願への準備が行われた。

コピーの秘密を知らせた化学者ブラックへの手紙の一年後の一七八〇年五月三十一日、ワットは「手紙やその他の書類の新しい迅速なコピー方法」において特許を獲得し、このあと、コピーマシンは生産に入った。コピー器は非常な成功となり、ワットは最初の年に二百台を売ったとされる。この器械は欧米諸国に速やかに広まり、アメリカ合衆国初代大統領となったジョージ・ワシントンは、ワットが特許をとった二年後の一七八二年の後半にこの機械を受け取った。ただし、長年それは依然として「書かれて間もない」書類のコピーのみが可能であった。

ワットによるコピーペーパーの探求

原本を写し取るための紙、コピーペーパーについて、ワットは、当時イギリスで入手できた紙の中から厳選し、適性を見極めようとしたが、紙の確保には大変苦労した。ワットの時代、欧米諸国においては、基本的に亜麻や綿の古布（ボロ）から紙が作られており、コピープレスにふさわしい優れた紙が見つかるまでには大変長い時間を要した。インクを浸透させるために薄い紙であること、そして湿りに耐える強さがあることが必要であった。できることなら、彼自身で製紙を始めたいと考えたほどであった。

ワットのノートと手紙には、当時使用していた紙を製造した五つの製紙工場についてのコメントが書かれている。それはワットマン、ルース、リー、テイラー、ビッグの工場であった。ワットマンの工場の紙というのは、ワットが手紙や図面紙として使っていたもので、その性質についてよく知っていた。そして、それがコピーに向かないことがわかっていた。

先代の老ワットマンは、簀の目やチェーンのラインが無い「woven（金属線が「織られて」作られるために簀の目が無い）」と言われる紙を最初に作り上げた人であった。当代のワットマンは、一七五九年の父の死後もこのタイプの紙を進歩させ続けた。この紙は金網で漉くことになり、そのために簀の目などが現れず、紙全面が等しい厚さに漉き上げられるのであった。その平滑性はワットのコピーにとって有効だった。一七八〇年の初期の頃にはこの紙が他の多くの製紙場で作られるようになってきていた。

一七八〇年八月の中頃から、ワットがベストだと思う紙が次々に変わっていったことがノートや手紙からわかる。そして、八月の終わり前に「簀の目無し紙」が良いということを理解し、テイラーの紙とビッグの紙が最適であるという結論に達したようだ。ワットは、コピーの滑らかさや美しさが、紙の薄さ、堅さ、そして繊維の細かさに大きく依存することを知った。

ワットの伝記を書いたリチャード・ヒルズは、ワットは「紙はビーターでつくられる」という真実を発見したとしている。そして次のような方法が望ましいと結論づけたのである。つまり、パルプの調合は、長い繊維が強さをあたえるので、ボロの繊維の切断を短くしないように調整される。そしてその後に行われる叩解《こうかい》(繊維を叩きほぐすこと)は、フィブリル化(繊維の中の小繊維がほつれて毛羽立つこと)もしくは繊維の鞘を開くように行われることが必要である。このようにすると、異なる繊維がくっついて、さらに強さを加える。

このように理解して、ワットは望ましいコピーペーパーのタイプを見つけた。一七八〇年九月にかけては、ワットは、より良い紙を探すことへのコメントを一切手紙に残していない。

コピープレスの日本への導入と使用方法

ワットによって発明されたコピープレスの方法は、日本へも明治維新をきっかけに商法と共に導入されることとなった。

明治七（一八七四）年十一月一日、福澤諭吉が書いた、商法講習所寄付金募集の趣意書「商学校ヲ建ルノ主意」の中に、教課目と思われるものが掲げてあり、その中に「搾《シメギ》ニテ書状ノ写取方」というものがある。この「シメギ」とは、ワットの発明したコピープレスの器械、当時の日本で「コッピング・プレッス」とも表記されていたもののことで、このやり方は大正の初めまで日本の商業学校で教えられていたという（西川孝治郎『日本簿記史談』同文館出版株式会社　一九七一年）。

明治四十（一九〇七）年に出版された土屋長吉著『商工執務法』（実業之日本社）において、コッピーの方法が「コッピーイング・プレス」として次のように説明されている。

「圧写器及び複写紙を綴ったコッピーイング・ブック（複写簿）、その他の付属品よりなる。複写紙は雁皮のごとく薄く半透明なもの（コッピーイングペーパー）を用いる。日本ではおおむね雁皮を使用。近来外国でも日本より雁皮紙を輸入して用いるところあり。

雁皮紙を綴ったものをコッピーイング・ブックと名付け、印刷紙四つ折り大のもの五百枚ないし千枚を一綴りとし、各葉（ページ）に番号を付ける。そして書簡、送状等その種類の異なるにしたがって冊を異にする。往々そのまま別々に保存しておくものあり、これをルース・シート（バラ紙）という」

圧写機の他の附属品としては、刷毛、水入れ、吸取り紙、油紙、そして複写インキがあった。「欧米において青年が初めて商家に入る時、第一に命ぜられるのが実にこの複写の事務である。その方法は極めて簡単で、その手続きは次の通り」として、その手順が説明されている。

一．（コッピーイング・ブックの）巻を開き、白紙のところを出す。

二．白紙の下に吸取り紙を入れる。

三．刷毛を水に浸して白紙の綴じ目に沿って下から上に引、次に左から右に引いて湿らせる。

四．湿した白紙の上に油紙を置く。

五．巻を閉じてこれを圧写機にかけ、少時の間、圧力をかける（熟練すれば単に手で吸取り紙の上から圧し、十分に白紙の水分を除く）。

六．巻を開き、吸取り紙を取り出し、その後へ複写しようとする書類を挿入し、湿紙の上に油紙を置く。

七．巻を閉じて圧写機にかけて圧力を加える。巻を開くと、書類の語句はそのまま湿した白紙の上に複写される。

以上の方法はつまり、湿らせた白紙を書類の上におき、圧力をかけてインクを上へ浸透させるというものである。一通の書状につき五、六通の複写が必要な場合には、「各葉を一括してその下に書状を置き、少なくも五分間くらいは圧写機にかける」とされている。このような方法により、同時に十通くらいの書状を複写できるとしている。源太や仲間の製造した雁皮製薄様紙では、十枚以上重ねてもインクが浸透したとされ、コピーペーパーとして優秀なものであったことが想像される。

同書によれば、これ以前の時代には手写によって複写の目的を達していたが、今は「あるいはコッピープレッス（複写器）を用い、あるいはカーボンペーパー（炭素紙）を用い、タイプライターを用い、迅速に書状の写しを取る」とされており、明治の終わり頃にはカーボン紙、タイプライターもかなり用いられる状況になっていたことがわかる。

なお、コピープレスの日本への導入と同時期に「コンニャク版」といわれる複写の方法が日本に紹介された。明治維新頃に海外で考案され、「ヘクトグラフ」と呼ばれたものであり、ゼラチン質のパッド上に紙の原本を転写して、それをもとにして白紙に写し取っていくという方式である。この器具の宣伝広告が明治十三（一八八〇）年の『農業雑誌』第百一号に「筆榻《ひっとう》版　一名写字版　発売告白」として載せられた。この方法も忘れられたものになっているので、ここで広告文の一部を紹介したい。

「世の中が日々進歩し、文書の必要がますます盛んになるに至り、近来『コピープレス』

という写字器がある。複写の労を省くこと尋常ならざるものであるために大いに世にもてはやされている。しかし鉄製の重量物を運ぶことは非常に不便であり、また写せるのも二、三紙に過ぎないのは残念である」として、先に広まっていたコピープレスにまず言及している。ただしその欠点とされているのは、プレス器の重さであり、またコピープレスで可能な複写枚数も大幅に少なく書かれいているようだ。これに比べてこの筆榻版は「未曽有の効用があり、重量も極めて軽く、婦人や幼児が片手で持ち運ぶことができて数十枚を写すことができる」とする。

広告中には使用方法が書かれている。まず付属の墨汁を使って白紙に文字を書き、その文字の面を筆榻版（ゼラチン質のパッド）に貼り付け、指で紙の上を十秒ほどこする。紙と版面が密着するのを待って、紙の端からはぎとると文字は逆向きに版面に染着する。次に新しい白紙を版面に貼り付けて、二秒くらい指で紙をこすり、はぎとれば版面の文字が紙面に読める向きに染着する。これで複写一枚ができあがる。このようにして必要枚数の複写をとる。この時使用する白紙については、半紙もしくは美濃紙とされている。複写の終了後すぐに、湿らせた海綿で版面を拭き取れば、また次の新しい文字を書くことができる。このようにして使っていくと次第に版自体がすり減るので、使用できないほどになった場合には購入代金の半額で補修をしますという案内も書かれている。

この製造・発売元は、源太と交流のあった陽其二が支配人をしていた製紙分社という印刷会社であった。

コッピー紙や典具帖紙は、さらにそのあとの時代には、タイプライターや謄写版（ガリ版）という複写もしくは印刷方法で用いられることになっていく。謄写版は手書きによる簡易な印刷の方法であり、堀井新治郎（代々名のる）の元紀と仁紀の親子によって開発された。これに使う原紙は雁皮紙にロウを塗ったもので、雁皮製コッピー紙製造の技術があった高知県での製造が非常に盛んになっていった。

その後、さらにいろいろな複写方法が生み出され、それに対応できる紙が求められていくのである。

終章

吉井源太の活動の意味

長い歴史を持つ日本の和紙産地の多くが、新しい紙の種類を開拓し、その他のさまざまな開発によって明治維新による時代の混乱をきりぬけた。本書では、その先頭を切り、全国産地の先駆けをし、他産地へ積極的に働きかけた吉井源太の活動の歴史を中心に見てきた。その活動は、旧習や固定観念に囚われない、斬新なものであったと言える。現代の和紙職人から聞く、「和紙職人というのは自分の技術を秘密にするものだ」という常識的な行動に照らすと、源太の行動が称賛される意味が深く理解される。源太は、研究・開発を行うとともに、実践的なプロデューサーの役目も果たし、旧来の紙漉きの世界を、一産業に高めるための大きな働きをした人であったといえる。

明治期を通じた和紙と洋紙の生産高を概観してみると（図）、明治初期からの和紙の生産高の多さと、中期以後の伸びの大きさ、そして、洋紙がその後を急速に追いかけた様子がよくわかる。明治二十五年（一八九二）頃から和紙の生産額は急上昇し、変動は見られるものの、明治末期にはさらに大きな伸びを示している。

こうした状況を作りだしたのは、高知県を出発点とした新しい紙の開発によるところが大きい。そこには吉井源太の働きや、源太と協力して研究・開発に尽力したり、また独自で活動を行なった高技能職人の活動がもたらした成果があった。このため高知県は和紙生産額の対全国地位を上昇させ、明治中期から大正期を通じて第一位を維持し、「紙業王国」といわれた。

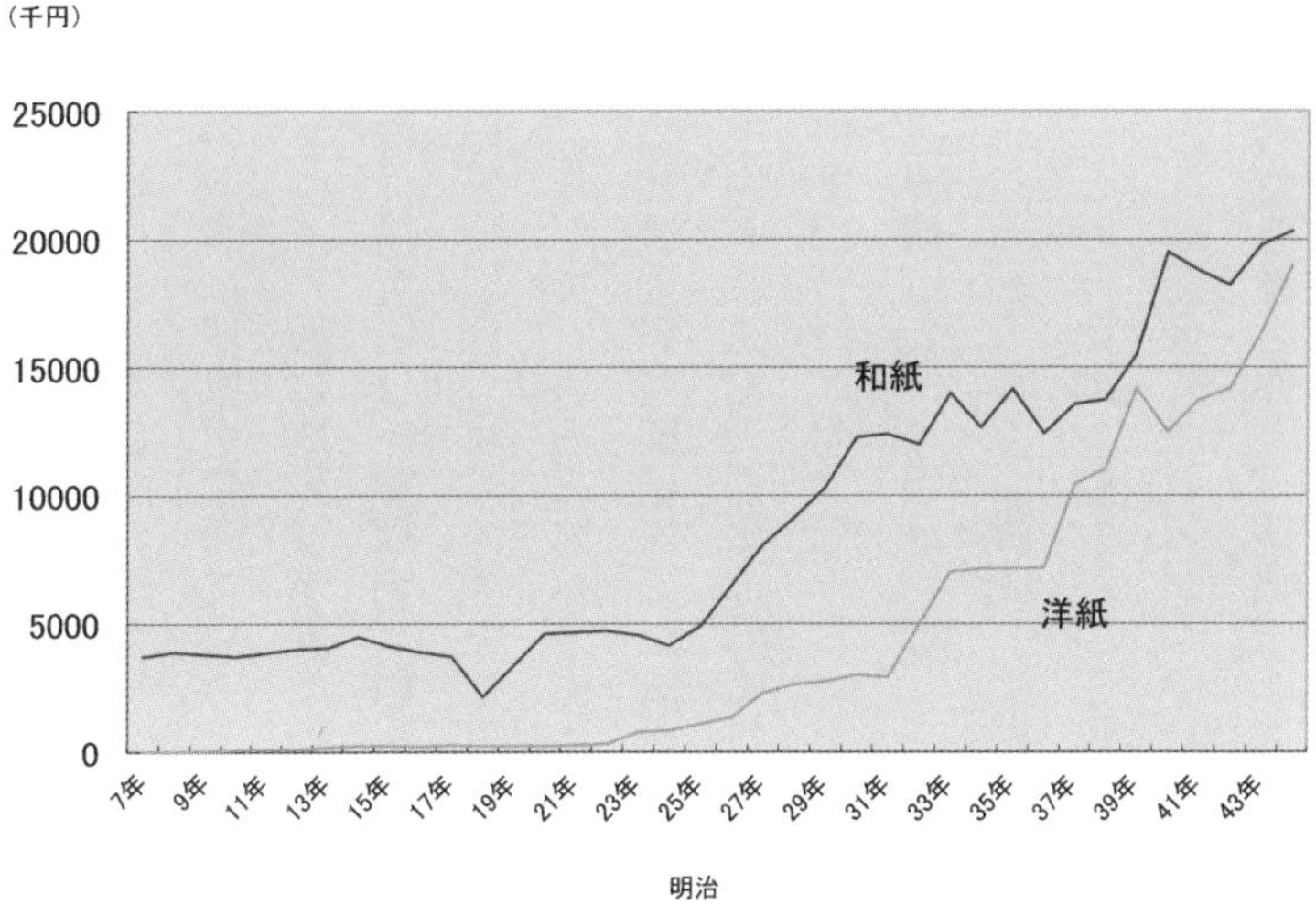

図　明治期和紙・洋紙生産額（当年価格）
資料：篠原三代平『鉱工業』（長期経済統計10）東洋経済新報社，1972年，『農商務統計表』各年版

明治二十五年に当時の大蔵省印刷局抄紙部長であった中村祐興が和紙産地を巡視した結果が報告されている。この時、視察と報告文書の作成がおこなわれた産地は島根県と高知県であった。島根県視察の報告文書では、県下いたるところで半紙を製造して家計を支えているが、依然として一器で一枚を漉く状況で、半紙を製造するより楮の皮を売ろうとする者もあると述べられている。しかし抄紙のほうが上策であるので、志を持った抄紙業者が高知県から教師を招いて、八枚漉の抄紙を有志の者に伝習しているとされており、島根県では高知県からの技術伝習をおこなっていることが報告されている。

この視察は他に福井県、岐阜県においておこなわれたが、どちらも職工数や生産量など、数値の報告のみになっている。視察の結果、最も盛んであった高知県と、当時、新技術の導入にとりかかっていた島根県について、状況が報告されたものと考えられる。

高知県については文章で視察状況がしっかり述べられており、全体としては「県下一円に抄紙を業とするものが多く、盛況を極めていた」と書かれた。製紙技術は非常に発達し、その進歩は他県を超えていると評価されている。具体的な状況として、各工場は多年の経験により、一般に成熟、老練で室内は静粛である中、従業者はすべて白衣を着け、諸事整頓し、殊に検査法は注意周到、精粗の検定きわめて厳密で、営利の民業ながら小利に走らず、顧客の信用を得、将来の隆盛を目指していることは感賞すべきであるとされた。

そして、参考とすべきものが多いので、という理由により個別視察も五工場で行われた。高知県監獄署製紙場、士族授産のために設立された高知市共同製紙会社、土佐郡江ノ口村の中山製紙工場、吾川郡弘岡村山権製紙場、伊野精紙会社であった。伊野精紙会社での視察報告では、特に明治二十六（一八九三）年に北米シカゴ閣龍世界博覧会（シカゴ・コロンブス世界博覧会）に出品物として出される予定であった典具帖紙と薄様紙は、「寸法巨大で極薄、一点の疵もなく、鮮明、美麗で尋常の技術者のなしえぬところである」と評価されている。

この会社は、源太がごく親しくしていた高技能職人である土居喜久彌が働き、後に支配人となった会社であるが、その後、紙商との合併により、明治三十七（一九〇四）年に土佐紙合資会社となり、明治三十九（一九〇六）年に円網《まるあみ》抄紙機を取り入れて日本で最初に和紙を機械で抄く。大正十四（一九二五）年には日本紙業株式会社伊野工場となるのである。

大正期以後の和紙業界は、製紙化学がより一層発達することにより、技術研究については専門機関がおこない、実用化へ貢献する流れになる。

源太とその周囲の高技能職人たちは、明治期になしえた和紙の最大限の発展に貢献をしたと結論付けることができるのではないかと考えている。

おわりに

吉井源太とはずいぶん長い間旅を共にしてきた、という思いがある。高知県吾川郡・いの町紙の博物館の館長（当時）町田好徳氏に吉井源太の日記のことを最初にお聞きしたのは二〇〇四年であった。この年に、吾川郡伊野町、吾北村、土佐郡本川村が合併して、現・いの町が誕生したことを後に知った。

それから今まで何度も読み返し、源太に起こった色々な出来事が頭の中に入っていった。明治期のできごとについて、「これは源太が何歳の時だ」と考えると、それが急に身近なことに感じられるようになるのは思いがけないことだった。

吉井源太の日記が残されていると町田氏からお聞きした時、それを研究する力と覚悟があるのかどうか、大きな不安があった。この日記は一度、宇津野特紙㈱社長であった小野春茂氏（故人）により昭和五十一年頃に書写され、紙の博物館に保管されていた。この筆写版をまずお借りして、読んでみることとしたが、乱丁などもあり、内容をよく理解することができなかった。腰を据えて原本にあたらせていただくしかないと決心し、町田氏にお伝えした時の、不安と緊張が記憶にある。対して、物柔らかな対応が返ってきたことによって、意気込みすぎもせず、日記に取り組むことができたことについて、感謝以外にない。

その後、吉井源太の成し遂げた仕事の全体を意味付けしようと、長い間考えてきた。その間に多様な分野の書籍を読んできたが、今、柳田國男の経済史学の業績に大きなヒントがあるように思っている。民俗学を学ぼうと志した時から読んできた「民俗学の父」柳田からは、読むたびに大きなヒントが与えられる。日本における女性のありかたについては授業で紹介し、学生が柳田を高く評価するようになることを見てきた。折口信夫は、柳田國男のフォークロアの地盤には「先生自身の経済史学」があると見ていたが、柳田が産業人に重要であるとしたのが「協同と自助」である。源太の活動は、これを現実化したものではなかったか。私にとって原点といえるところに立ち返って、考察を深め、またの報告をしたいと考えている。

吉井源太の御子孫、吉井健晃氏と奥様・富子さんからは、種々のお話をうかがい、可能な限りの資料や多くの知識を頂戴した。いの町や隣町の土佐市などでお話をお聞かせくださったたくさんの方には、常に丁寧に教えていただいた。三和製紙会長・森澤豊明氏の回顧録『ものづくり70年』（私家版）からは、昭和の時代の町や紙漉きの様子について実感をもって知り、また、農業と紙漉きの違いという視点をいただいた。

高知県に先立ち、しばしば訪問して、四国や愛媛県の紙産業の全般について学ぶことにお力をいただいた、川之江市産業経済課長（当時）藤田聖氏には和紙および機能紙製造業に関する基礎的な情報収集にお力を頂き、さらには高知県訪問を積極的に勧めていただいた。

関西にあっては、在籍当時の京都大学農学研究科森林科学専攻の先生方、所属した森林・人間関係学研究室の岩井吉彌教授、大学院生の仲間たちから、講義、ゼミ、実習を通して多くを学ばせていただいた。また、大阪経済大学の教授・学長を務められた徳永光俊先生に関西農業史研究会へ参加させていただき、ここでは、大島真理夫・大阪市立大学経済学研究科教授（当時）をはじめ、それぞれの研究を進めておられる方々から貴重な御意見、資料等のご教示、ご提供をいただいた。兵庫県にあり、特異な紙を産出する和紙産地である名塩産地を「手漉き和紙青年の集い」をきっかけに訪問した時から、川畑力氏（故人）に多くの励ましをいただくこととなった。「早く本書きや」と常にお声をかけ続けていただいた結果をお見せすることができなかったことが、大変心残りとなっている。

南の風社・代表取締役の細迫節夫氏には粘り強くアドバイスをいただいた結果、いの町の方々から待っていただいていた本をこのような形で出版することができた。

ライターで、いの町紙の博物館運営委員の久保慧栞さんとは、最初の企画展、「吉井源太没後百年記念展」の企画時からお付き合いをいただき、その後多方面にわたってお力を貸していただいてきた。表紙になっている、いの町の少し上流から撮られた仁淀川の写真の提供も受けた。また、いの町紙の博物館専門員の池典泰氏、学芸員の田邊翔氏に資料のご提示に関して大変ご協力をいただくなど、出版に当たって、いの町紙の博物館にはお世話になった。

皆さまに感謝いたします。

この本が吉井源太の生涯を紹介する以上の意味を持ちえたものになっているようであれば、少しうれしいと思います。

いの町紙の博物館で開催された吉井源太に関連する企画展については、ホームページで内容を紹介しています。(https://washiwaza.com/)

[著者]

村上 弥生（むらかみ やよい）

1960年東京都生まれ。奈良女子大学大学院家政学研究科生活
経営学専攻修士課程修了。
短期大学講師、大学助手などを務めた後、京都大学大学院農
学研究科森林科学専攻博士後期課程満期退学。
博士（農学）。現在は香川大学特命講師。

著書
『生活と環境の人間学』（昭和堂、2000年、分担執筆）
『土佐の歴史と文化』（行人社、2011年、分担執筆）
『いの町史』（いの町、2015年、分担執筆）

明治の和紙を変えた技術と人々
— 高知県・吉井源太の活動と交流 —

発行日　2020年11月1日
著　者　村上 弥生
発　行　南の風社
〒780-8040　高知市神田東赤坂 2607-72
TEL 088-834-1488　FAX 088-834-5783
E-Mail：edit@minaminokaze.co.jp
U R L：http://minaminokaze.co.jp/